don MANUEL

Manolo Sabino

Impreso en Victoria, BC, Canadá.

ISBN: 978-1-4269-1528-4 (sc)
ISBN: 978-1-4269-1530-7 (hc)

Library of Congress Control Number: 2009935520

*Nuestra misión es ofrecer eficientemente el mejor y más exhaustivo servicio de
publicación de libros en el mundo, facilitando el éxito de cada autor. Para
conocer más acerca de cómo publicar su libro a su manera y hacerlo disponible
alrededor del mundo, visítenos en la dirección www.trafford.com*

Trafford rev. 11/17/09

 www.trafford.com

Para Norteamérica y el mundo entero
llamadas sin cargo: 1 888 232 4444 (USA & Canadá)
teléfono: 250 383 6864 ♦ fax: 812 355 4082

A quien por defender los derechos

humanos en Cuba: languidece en una

inmunda y brutal cárcel comunista:

… Al Doctor Oscar Elías Biscet.

Parado frente a la ventana que daba a los jardines del Pabellón Psiquiátrico donde se hallaba recluido; la mirada enfocada en las profundidades del horizonte, don Manuel se encontraba sumergido en un torbellino de recuerdos. A ratos cerraba los ojos para penetrar en el sombrío espacio de su absurdo e inaudito pasado; cuando se encontraba con el insólito suceso que, según le dijera el oficial de la Seguridad del Estado, fuera el motivo para ser internado en ese Pabellón, sendas lágrimas rodaban por sus mejillas, delatando su afligido estado depresivo; sólo pensaba, no hablaba. ¿Por qué me hacen esto? ¿Será que en verdad creen que estoy loco? Ellos saben que no; pero les conviene decir que he perdido el norte… que me crean un demente. Ello me lo dice el ver que en este diabólico Pabellón hay más cuerdos que locos. ¡Dios mío! ¿De donde habrán salido esta gentuza? ¿Se lo merecía mi Cuba? Bueno, es cierto que mi historia parece más la de un lunático que la de un terrícola. Debo tomarlo con harta calma; son cosas del destino; de mi insólito destino. Los recuerdos del pasado comenzaron remolinarse en su mente… su rostro denotaba una sonrisa llena de ironía:−Una dolorosa ironía de la vida −pensaba-. Después de todo, siempre quise ser un héroe de mi patria. Y, aunque no lo logré, el comandante y sus vasallos han hecho creer que lo fui. Ello me costó que me internaran en este sucio Pabellón Psiquiátrico de Mazorra.

Don Manuel se hallaba tan aislado del ambiente que le rodeaba que no se dio cuenta cuando un recluido le tocó el hombro, al momento que le preguntaba: ¿Está usted bien? —Al no recibir una respuesta, el internado que la había tocado el hombro, le volvió a preguntar, colocando el tono a un nivel más elevado: ¡Se haya usted bien!

—!Oh! Si, claro; yo me siento bien; gracias. ¿Y usted?

—Yo también me siento bien: gracias. ¿Cómo se llama?

—Manuel López; pero me dicen: don Manuel. ¿Y usted?

—Ramón González; pero mis amigos me dicen Mongo. Quiero decirle que yo se que usted no está loco. Tampoco yo lo estoy; pero le aconsejo, buen hombre, que acepte la demencia como un modo de sobrevivir en el infierno en que nos encontramos. No trate de explicar su cordura; si lo hace ¡muere! Esta gentuza no permite se les contradiga. Si el diagnostico es que usted está loco, sígale el jueguito, y disfrute su locura; muestre orgullo y aleje la tristeza. Ello es mucho mejor que ir al Paredón. Recuerde esto: en este inmundo sitio el enemigo no tiene cara. Aquellos que se comportan como perturbados mentales pueden que estén más cuerdos que nosotros. Y los que aparentan ser más juiciosos pueden que sean lunáticos. La principal consigna de este cruel y mugroso lugar es evitar los electrochoques. Y, algo bien importante: no olvide que nuestro enemigo es inhumano; un sanguinario Lucifer que está secundado por frustrados y oportunistas capaces de vender su alma al diablo por ver sus sueños realizados; sabandijas, que sólo les interesa saciar sus envenenados egos. Una manada de arpías que están tratando de hacer creer que ellos son los buenos… y nosotros los malos.

—Gracias por el consejo. ¿Y usted por qué está aquí?

—Por lo mismo que tú: por no ser uno de ellos. Pues yo prefiero que me digan: Loco malparido, a que me digan comunista. Pues, este orate siempre ha querido lo mejor para los necesitados; yo he sido un ardiente defensor del proletariado; pero al darme cuenta que la reforma agraria era uno de los tantos engaños que los comunistas suelen emplear para explotar a los obreros; puesto que, tienen que sembrar lo que el gobierno les ordena… y venderle la cosecha al precio que el Partido le ha fijado; también que sus ganancias es bastante peor, que la de un obrero en el sistema capitalista, así como las condiciones de vida, se me ocurrió decirles: que lo dejaran sembrar lo que ellos quisieran y que le vendiesen sus cosechas a quien mejor la pagara. Ipso facto me citaron los ideólogos del Partido, para decirme: que si yo no contemplaba que el gobierno le pagaba la medicina y la educación de sus hijos. Yo les contesté: Si el obrero está ganando un promedio de dos dólares semanales, eso de que se le daba la educación y la medicina gratis era una patraña del Partido; pues, ellos la estaban pagando a un precio muy elevado. Lo que si era cierto es que, ustedes los están explotando; que los han retrocedido al tiempo de la esclavitud. Al unísono me gritaron: ¡Eres un gusano imperialista, un maldito traidor!

—¡Yo no soy un agente del enemigo! Yo sólo soy un defensor de los explotados obreros. -En ese momento se escuchó la voz del comandante que, mientras salía de una oficina, gritaba: ¡Este tipo es un demente! Y, después de bramar una retahíla de maldiciones al más ordinario estilo revolucionario, contra mí persona, me dijo:—Chico tú eres el tipo más mal agradecido que ha parido una madre. ¿No te ha dado la revolución todo lo que tienes; residencia, automóvil, criados y buena comida? Tú tienes privilegios que no lo tienen esos obreros que tú tanto defiendes, y que, como tú, son unos mal agradecidos; puesto que, yo se lo he dado todo. ¡Entonces chico; de que carajo se quejan! Todos ustedes son unos ingratos; unos mal agradecidos; unos capitalistas; unos gusanos contra revolucionarios.

—Ellos alegan que siendo dueños de una parcela ganan menos y viven peor que cuando eran unos asalariados de los capitalistas. Que usted, usando su taimada astucia, lo que ha hecho es convertirse en el dueño de toda Cuba, y le ha dicho a los obreros que las parcelas, que ellos están trabajando, son de ellos; pero al sembrar lo que usted les ordena, y vendérsela al precio que usted les ha fijado, ellos solamente son unos asalariados suyo. Y yo le digo que -le explicaba, con tono y dignidad sacerdotal-: lo que usted me ha dado, yo me lo he ganado con crece. ¡Bastante que me he sacrificado por la revolución. Sin embargo, usted le ha dado a Gabo, que no es cubano, sino un colombiano, una residencia diez veces mejor que la mía, y con un auto, Mercedes Ben alemán. Y a mí me dio un Lada ruso de uso.

—¿Chico, los del Partido no te han dicho que Gabo ha hecho más por nuestra revolución que tú? Es que acaso no has leído en el Granma que Gabo, desde los 1940's, en sus muy leídas columnas de la Prensa colombiana, ya estaba corroyendo los cimientos del imperialismo yanquis. Pues él, mi amigo Gabo, ha sido el mejor colaborador que ha tenido nuestra revolución en el extranjero… ¡Es lo último que te soporto! ¡Muchachos; llévense este loco de atar para el Hospital Psiquiátrico de Mazorra! Me le dan unos cuantos electrochoques al estilo del Che Guevara. Esa es lo mejor terapia para los enfermos de Humanitis Aguda.

Y aquí estoy; pasando por un perturbado mental; por un demente de atar, para que no me envíen al siniestro y nefasto presidio político revolucionario.

—¿Te han encerrado en un hospital Psiquiátrico, sólo por darle una solución a uno de sus grandes fracasos?

—Es así como lo captas; pero para ellos ha sido uno de sus grandes éxitos; pues a la vez que mantienen al obrero como un esclavo de la revolución, los tienen creyéndose que son dueños del terreno que están trabajando, y como unos empleados súper baratos.

—!Que gentuza tan horrible se han adueñado de mi otrora alegre Cuba! ¿De donde salió esta banda de morrallas?

—De aquí; todos son cubanos. Ello nos demuestra que, nuestra isla, Cuba, estaba llena de hombres perversos.

—Pero como es posible que hayan cubanos que deseen vivir como esclavos; que se dejen manipular por un loco.

—Eso es nada, comparado con las barbaries cometidas por esas fieras desquiciadas. Oye esto: ese joven que está leyendo un libro, acostado en su cama, lleva aquí un año por el solo hecho de haber gritado: ¡Viva Cuba libre! En el momento que pasaba el comandante con una multitud de seguidores. Le fue encima la Brigada de Respuesta Rápida y, después de dejarlo casi muerto, declararon que era un loco peligroso. Y aquí lo tienes, con su cuerpo deformado, por la paliza que le dieron, pero tan lúcido como nosotros. Ese que camina de un lado a otro, constantemente, es el único en este Pabellón, digo que nosotros sepamos, que no está muy bien de sus facultades. Hace un año que está aquí… y se la pasa caminando desde que se levanta hasta que se acuesta. El caso de él es un poco tragicómico: pues resulta que él se fue con unos amigos para el Malecón, a tomarse unos tragos de una bebida casera. Los soldados que fueron a pelear a Angola la aprendieron hacer con los angolanos; los cubanos le llaman: Chispa e' tren. Y según dicen: si se la das a un ratón se faja a las mordidas con un gato. Y, cuando regresó a su casa, el comandante estaba hablando por la televisión; prometiendo lo mismo en los 48 años que lleva en el poder: Compañeros revolucionarios: Estamos pasando por un momento bien difícil; pero yo les prometo que dentro de cinco años estaremos celebrando el verdadero triunfo de nuestra revolución. —Dijo, con ínfula de profeta, cargado acento de hipocresía, alterado tono imperativo y, como siempre, vestido con el rudo uniforme verde, para que le diera una actitud de militar autoritario. Y este pobre hombre, que se había tomado unos tragos de chispa e' tren, sacó un revolver, que guardaba debajo del colchón de su cama y, al instante que le disparaba a la imagen del comandante en la pantalla del viejo televisor, gritaba con todo el resentimiento acumulado durante 45 años más las energías suministradas por el chispa e' tren: ¡Basta ya de mentiras! ¡¡Hasta cuando… coñooo!!

El grito que metió fue tan gigantesco, que de los seis disparos que le tiró a la pantalla del televisor, sólo pudo escucharse tanto adentro como afuera de la casa el último. Después salió para la calle con el revolver en la mano y, al tiempo que corría con pasos maratónicos, por el medio de la calle, gritaba con voz de tenor operático: !Coño, maté al comandante! ¡Maté al comandante! ¡Lo maté; lo maté! ¡Yo maté al comandante! ¡Viva Cuba libre!

En el barrio se formó tremendísimo corre, corre; todos creían que se había caído el comandante. La presidenta del CDR -la única negra gorda del Barrio-, salió para la calle con una imagen de la virgen de la Caridad del Cobre y gritando con voz de soprano folklórica: ¡Yo soy gusana; no soy comunista! Tuve que fingí pa'que me dieran buena comida. Lo juro por Changó; Yemayá; Obatalá, y Ochún: ¡Nuestra Patrona! ¡Y por el Altísimo!

—!Yo soy hija de Babalú Ayé! —Gritaba la santera más famosa del barrio, portando una imagen de san Lázaro en el hombro. Y en estos momentos voy a pié hasta el pueblo de Rincón para cumplir con la promesa que le hice a mi Padre, Babalú: Que si hacía que el comandante se callera, lo llevaría caminando hasta su casa en el Rincón. Y, él fue el que guió al hermano que mató al comandante. ¡Que me sigan los devotos de Babalu Aye! Cuando pasó frente a la casa de la gusana más famosa del barrio, ésta le gritó: —!Déjate de hipocresía, Negra, que hasta ayer estuviste diciendo que los cubanos tendríamos al comandante por requetemucho tiempo; puesto que a nuestro comandante, dijiste, chica; no había quien lo tumbara!

—Eso era parte de mi actuación; ya que, los Mayimbes me exigían lo repitiera en todas mis consultas, si quería seguir trabajando con los santos. Tú sabes que todos los santeros cubanos son Mayimbes.

—!Tu lo que eres es una..! Mejor no te digo nada, para enseñarte lo que es humanismo; lo que significa ser un verdadero cristiano; no una santera mediocre como tú.

El Babalao del comandante, que vivía en el Barrio, iba corriendo rumbo al malecón y llevando en la cabeza una balsa de neumático de tractor. Iba cantando: Yo me voy a pescar a la bahía; yo me voy pa' la bahía.

La gusana más pacífica del Barrio; conocida como: La aristocrática; porque una hija que vive en Miami le envió una Silla de Ruedas con tracción eléctrica y ella se pasea por la cuadra manejando su Silla de Ruedas, vestida con un fino y elegante traje, estilo María Antonieta; con un excéntrico sombrero blanco, con gigantescas alas, ceñido en la cabeza, dando la impresión de ser una sombrilla capitalista, con una cinta azul amarrada a la copa, que le colgaba hasta el pecho, combinando con el vestido, que con su cargado porte aristocrático, y la actitud que con tanto orgullo asumía, daba la impresión iba conduciendo un lujoso convertible Royce Roll. Cuando el Babalao pasó por su lado, cantando que se iba para la bahía a pescar, la aristocrática, mientras lo seguía con su Silla de Ruedas, le gritaba con refinado tono: ¡Si, os vais a la bahía; pero a la de South Miami! El Babalao se le acercó y quedo le dijo, con fingido tono aristocrático, aderezado con un fuerte hedor a sudor y un fortísimo tufo a tabaco, mezclado con chispa e' tren: ¿Qué, mi admirada y siempre respetada aristocrática, os te me vais a volver chivata? ¡Que pereza compañera! Con la misma siguió su rumbo hacía la bahía.

En un local que tenía un letrero en la fachada que leía: Hermanos de América; se hallaban reunidos, terroristas urbanos, guerrilleros, y escritores de América Latina. Y en el instante que el instructor les decía: (-Compañeros de la Prensa: Su misión no es solamente hablar mal de los gobernantes de sus países, y dar una buena opinión de los camaradas guerrilleros: nuestros amigos revolucionarios; sino también, tanto en sus libros como en sus artículos de prensa y en sus actuaciones personales sutilmente incluir un sentimiento anti-yanquis. No importa su contenido sea tonto; lo importante es que se diga decorado con bella prosa y fino estilo literario. Que sea un dardo envenenado oculto en cada verso, en cada párrafo que se escriba, o se diga. Les aconsejamos que para despistar a los enemigos de nuestra revolución, hablen mal del comandante: "Que es un cruel dictador; que lleva más de 47 años en el poder; que todos somos unos asesinos; todas las tonterías que los enemigos de la revolución suelen decir diariamente. Ello borrará las dudas que ellos tienen sobre ustedes. ¿Lo han comprendido? -¡Positivo compañero!), -se aparecieron los milicianos que hacían guardia en la puerta y, al momento que gritaban: ¡Esto se acabó… mataron al comandante!, tropezaron con un banco y cayeron bocabajo en el suelo: No le dieron tiempo a pararse; los reunidos salieron como un bólido formando una salvaje estampida cruzándole por encima a los milicianos que yacían en el piso al tiempo que gritaban: ¡Que viva Ronal Reagan! ¡Yanquis si Rusia no! ¡Viva Perez Roura! ¡Abajo Aruca! ¡Abajo el asesino Che Guevara! ¡Que viva Huber Matos! ¡Abajo Raúl Castro! ¡Que viva el presidente George Bush! —Gritaron, desde el piso, los milicianos. En el preciso instante que ellos llegaban a la puerta de salida, pasaba la aristocrática en su Silla de Ruedas. Y silla, vieja y los reunidos, fueron dando tumbo hasta el centro de la calle. Cuando los extranjeros se levantaron, arrancaron a toda velocidad hacía el malecón. Desde el suelo, la aristocrática les decía: ¡Que barbaridad! Hasta los buenos modales le ha quitado el comandante al pueblo; ni siquiera me han ayudado a levantarme. Dios de los cielos; con que clase de elemento me has condenado a convivir. ¿Pero a dónde van?—Les preguntó, manteniendo su sombrero en las manos, la aristocrática.

—¡A buscar un bote para largarnos de esta sanguinaria, infernal, virulenta y perversa isla! —Le respondieron.

—¡No quedan; los pocos que quedaban se lo llevaron los mayimbes! —Les respondió la aristocrática.

—¡Nos vamos aunque sea en una batea casera de lavar ropas! —Respondieron los desesperados extranjeros.

—¿Dónde están los terroristas que tantos daños le han causado a su país; que tantas vidas han destruido; esos que vienen a Cuba para ser entrenados a mutilar las vidas de sus paisanos? —Dijo, a los extranjeros, la aristocrática, con su enorme sombrero en las manos.

—¡Corriendo para proteger las de ellos! —Decía, desde un balcón, un observador—. Ya bajo a socorrerla, señora.

Cuando los más comprometidos con la revolución se disponían a zarpar en frágiles embarcaciones comenzaron los medios informativos a dar la noticia que habían atrapado a un loco que, pensando que se hallaba en la Grecia de Leónidas, corría con pasos maratónicos por las calles de La Habana, con un revolver en la mano y gritando, con voz de megáfono capitalista, que había matado al Comandante. Pero todo está en orden, compañeros. Esta patraña, que sabemos ha sido dirigida por los recalcitrantes gusanos de Miami, y que estos han sido asesorados por agentes de la CIA, ha sido aplastada; todo ha vuelto a la calma que suele caracterizar a nuestra triunfante, tranquila, y harto segura revolución. Patria o Muerte. ¡Venceremos!

Don Manuel

Si la brutal estampida tuvo un efecto salvaje, la resaca fue mucho peor: Cuando lo que salieron huyendo porque creyeron que se había caído el comandante, regresaron al Barrio, llegó la Brigada de Respuesta Rápida, armados de palos, sonándoles tremenda paliza a los que celebraron la "supuesta" caída del comandante. Ni la aristocrática se escapó de la brutal paliza, realizada por la Seguridad del Estado: no le dejaron un hueso sano; hasta la silla de ruedas se la hicieron añicos. Al otro día, del inolvidable suceso, una miliciana se paseaba por la cuadra, con el elegante traje y el sombrero que la aristocrática tenía puesto cuando la trifulca. Y cuando pasó frente a la casa de la gusana más famosa de la cuadra, ésta le gritó: ¡Que, negra mayimbe! ¿Disfrazada de aristocrática? Acuérdate chica, que: «El mono aunque de ceda se vista mono se queda.» Tú, negra, siempre serás una mona del zoológico revolucionario. ¡Pa' llá, pa' llá, chica. ¿Pero qué es lo tuyo, mi hermana? ¡Rectifícate!

Al resumir los hechos, estos fueron los resultados: La presidenta del Comité de Defensa de la Revolución, se fue al Cobre para cumplir una promesa que le hizo a Ochún. La santera más vieja del Barrio convenció al comandante: que lo sucedido había sido una Revelación de Babalú Ayé, para indicarle que tuviese mucho cuidado con el enemigo. Que si quería salvar su vida tenía que ir hasta el Santuario del Rincón, y ofrendarle a Babalú Ayé una cadena de oro de 18 kilates. Que, como era tan difícil para él, por estar muy ocupado, llevarle la ofrenda a Babalú, a su Santuario del Rincón, ella se la llevaría con mucho gusto y no menos orgullo. Que él sólo tenía que dársela un día 17. Y que, también Babalú Ayé le dijo: que la enviara al África, a ella, para que estudiara Palo Mayombe; que esa religión era necesaria para protegerlo, al comandante, de los espíritus que son muy dañinos; sobre todo, los malignos, oscuros y hartos traicioneros espíritus de los Congos africanos, que merodean, noche y día, la casa del comandante. Que por lo demás, el comandante no debe preocuparse; ya que, mientras él esté protegido por Babalú Ayé, vivirá muchos años. Es mas, si el comandante un día llegara cerrar los ojos para siempre, Babalú Ayé se los abrirá y, desde su lecho, el comandante seguirá gobernando, y que sólo sus allegados sabrán que nuestro comandante ha trasladado su reino para el otro mundo. Para ello, sólo tiene que mantener en mi Altar una Ofrenda con buena y mucha comida, una botella de aguardiente; si no hay aguardiente de ron Havana Club; y si no hay ron, de chispa e' tren. Mientras Babalú Ayé tenga mucha y buena comida mayor será la protección al comandante. No sólo de los espíritus de Cuba, estos son bien fácil de dominar sino los de Miami. Estos son espíritus requetémuy difícil de dominar; ya que están bien alimentados. ¡Cuando los espíritus están bien alimentados son muy, pero que muy duros de dominar!

El comandante quiso llevarle personalmente la Ofrenda a Babalú Ayé a su santuario, ubicado en el pueblito del Rincón. Lo hizo en la noche del día 16 de diciembre. Allí esperaría a que llegara las doce de la media noche; pues, a las doce y un minuto seria el día 17. Fecha en que los cubanos celebran el día de San Lázaro. Llevó de invitado a su amigo García Márquez. El Párroco los había invitado a cenar esa noche, en lo que ellos esperaban que llegara la media noche. Ello era lo que hacían: estaban sentados a la mesa de la parroquia. El Párroco había ordenado a su cocinero que le preparara una ternera asada, acompañada con congrí, yuca con un mojo de aceite y ajos, ensalada mixta y un excelente vino tinto que, como gallego castizo no la faltaba al párroco en su bodega. A la cabecera de la mesa estaba el comandante, y a su derecha se hallaba el párroco; a su izquierda, como siempre, se hallaba Gabo.

—Quien iba decirte Gabo; cuando estabas en Aracataca que hoy estaría sentado a la mesa con tu comandante, comiéndote una ternera asada y tomando una copa de un excelente vino español —Decía el comandante a Gabo-. ¿En Aracataca tú comías ternera asada?

—No sólo en Aracataca, mi pueblo natal, sino también que en toda Colombia comemos ternera asada todos los días. Mi bello país, Colombia, tiene carne, no sólo para el consumo local sino que también para exportar.

—¿Es una indirecta Gabo? —Pregunto el comandante.

—No; sólo quise decirte que yo comía ternera asada en mi país, porque allá hay mucha, y muy buena carne.

—La verdad es que yo te lo pregunté porque antes de tú conocerme sólo eras un columnista de la prensa de tu país. Y no sé si tu columna: La Jirafa, te producía lo suficiente para poder comer ternera asada, como esta, todos los días.

—Quizás La Jirafa no me lo producía; pero si los buenos beneficios que recibía de Ustedes, por atacar sin piedad y sin razón, al imperialismo yanquis.

—Por cierto, Gabo, que tus ataques a los yanquis se pasaron de calidad—decía el párroco, mientras masticaba un trozo de ternera-. Pues según dicen las malas lenguas, y la mía, que no es tan católica que digamos, por culpa de tus ataques a las bananeras que tenían sus plantaciones en el Magdalena, la zona donde habéis nacido: Aracataca, estas se fueron para el departamento del Antioquia. Y en la zona de Turbo, sitio que era bastante pobre antes de llegar las bananeras, han construido uno de los pueblos más prospero de Antioquia: Apartadó. Que tal vez por ello, tú no has querido regresar a tu pueblo; ni siquiera cuando tus coterráneos te declararon: Hijo Predilecto de Aracataca; que ellos te esperaban para celebrar, junto a ti, el Premio Novel de Literatura. ¿Cierto?

—Es cierto. ¿Por qué crees que he dicho: combatía las Bananeras del Magdalena sin piedad y sin razón? Porque yo me di cuenta, cuando se fueron para Apartadó, que las bananeras eran una rica fuente de trabajo; que en vez de explotar al obrero, como solía decir en mis columnas, les proporcionaba un sueldo que le alcanzaba para mantener a los trabajadores con un buen estándar de vida. Ello hizo que me sintiera culpable de la pobreza en que hoy vive mi Aracataca. Fue por ello que no tuve el valor de ir a mi pueblo natal, cuando mis coterráneos me nombraron: hijo predilecto de Aracataca. Pues, en un sitio del cofre de mis recuerdos, hay una espina que cada vez que recuerdo lo que le he hecho a mi noble Aracataca, se me clava en el alma. Pues, aunque muchos suelen dudarlo, no todos los comunistas tienen malos sentimientos.

—Ello denota que vos sois un hombre de sentimientos cristianos; al comprender que con tus críticas, contra las bananeras del Magdalena, la zona de tu natal Aracataca se convertía en más pobre, y que vos os hacía más rico, os habéis avergonzado. Y cuando habéis recibido el Novel de Literatura, lo primero que llegó a tu colombiana mente fue Aracataca. Y la consciencia os dictaba: Mientras mas rico me hago, por criticar sin piedad la Bananera del Magdalena más pobre convierto a mi amado pueblo. Ello hizo que, al ser nombrado por vuestros coterráneos su hijo predilecto vuestra consciencia sintió remordimiento. ¿Cierto?

—Por cierto, Padre; mi intuición me dicta que os estáis pasando de corcho; que vos estáis tomando vino con harta sed. ¿No es ello cierto, comandante?

—Chico, Gabo; mientras los párrocos tengan suficiente comida en la Lacena y buenos vinos en la Bodega, me han de dejar tranquilo con mi revolución. Pues, recuerdas que Barriga llena corazón contento. Tú, sigues escribiendo; pues, para ello has nacido. Pero sin arrepentirte del daño que han ocasionado a tu país tus escritos. Que yo seguiré gobernando; pues, para ello he nacido. Y sin arrepentirme del daño que le he ocasionado a mí país. Pues, un buen revolucionario jamás se arrepiente de sus actos. Así sean los peores de su vida. Cuando te halles deprimido, sólo tiene que recordar las sabias palabras del inolvidable Che Guevara: «Cuando se es buen revolucionario, sentimos un gran orgullo cuando matamos por nuestra revolución.»

—Bueno, ya le he contado el porque estoy aquí. Ahora dígame, Don Manuel: ¿Por qué lo han recluido en este frio y tétrico Pabellón Psiquiátrico?

—Si te digo el porqué me han recluido en esta sucursal del maldito infierno sin explicártelo todo, desde la A hasta la Z, pensarás que se me ha extraviado el Norte. Y, para ello necesitaría mucho tiempo; puesto que, mi hecho, es sobre una historia que, amén de inverosímil, es muy larga.

—Eso es lo que a nosotros, los presos, nos sobra: el tiempo. Así es que puedes comenzar con la narración de tu episodio… que soy todo oído.

—Pues sentémonos; que, como te dije, mi historia es, amén de muy larga, tan insólita que pensarás que estoy narrándote el cuento más fabuloso de la historia; hasta dudarás de mi cordura… Si es que aún la tengo.

—Amigo don Manuel; con lo que nos ha tocado vivir a nosotros los cubanos, en estos tiempos, son muchas las veces que la realidad nos parece ficción y la ficción pura realidad. Yo he cruzado tantos senderos, por las veredas de la vida, que ya estoy curtido… ya nada me asombra.

—Entonces, escucha con atención; pues, voy a contarte una historia que, quizás no sea la más emocionante que hayas escuchado… pero si la más inaudita e insólita.

Yo nací en Esmeralda; un pequeño pueblo ubicado en el norte de la provincia de Camagüey. A los cinco años, amén de saber enyugar y guiar los bueyes por el narigón, cuando se está arando la tierra, sabía como cazar perdiz, palomas, un pato en el río, o como pescar truchas; pues, desde que di mis primeros pasos, tuve que hacerlo para poder comer carne; ya que mi padre nos abandonó, cuando yo sólo tenía tres años. A los siete años formaba parte de una cuadrilla de macheteros, cortadores de cañas, y los macheteros de las otras cuadrillas se detenían en el lugar donde me hallaba cortando para ver la destreza de un niño de sólo siete años de edad cortando cañas. Aún retumban en mis oídos las exclamaciones de aquéllos macheteros diciendo: ¡Pero que niño tan maduro; ya es un excelente machetero! Ello hacía sentirme el más orgulloso niño de mi Esmeralda. A los nueve años me convertí en el lanzador de beisbol más ganador del norte de Camagüey. Mi familia solía decirme Paíto: así me llamaban los fanáticos: Paíto. En suma: era el niño más sobresaliente de mi pueblo; pero no el más feliz. La separación de mis padres hizo que me convirtiera en un niño muy pobre; no sólo económico sino que también del necesario calor del padre. Pues, para el varón, el cariño del padre es muy importante. Mas si se vive agregado en casas de familiares. Pues, a mi abuela le molestaba que yo sobresaliera por encima de sus hijos menores: mis tíos. A mis tíos les sucedía lo mismo. Ello engendró en mí una inmensa frustración. Solía llorar mis tristezas encima de un mudo testigo: un árbol de mango que había en el patio de la casa de mi abuela. Ese árbol se había convertido en mi refugio. Era testigo de mis minutos felices y de mis horas de tristezas. Un día, que me hallaba encima del árbol de mango, escuché a mi abuela decirle a sus hijos, mis tíos: Su padre murió luchando por la libertad de la patria, junto al Bayardo: Ignacio Agramonte. Sólo espero que ustedes, o mis nietos, si un día la patria los necesita corran a defenderla; para que su padre, desde el cielo, se sienta orgulloso de ustedes.

Las palabras de mi abuela hicieron que despertara en mí el dulce sentimiento de amor a la patria; ese día mi vida dio un giro de 180 grados. Se acababan mis días infantiles para darle paso a un púber con inquietudes patrióticas. Ya no eran los Reyes Magos los que solían ocupar un sitio preferido en el altar de mi imaginación. Baltasar, Melchor y Gaspar fueron remplazado por: Ignacio Agramonte, José Martí, Máximo Gómez, Calixto García, y Antonio Maceo. Ahora mis sueños eran ser un héroe de mi patria. En el año 1934, me uní en sagrado matrimonio con una bella paisana camagüeyana. En el 1939, después de ella haberme dado tres hijos, el Señor se la llevó para su reino.

—¿Dices te casaste en el 1934? ¿En que año naciste?

—!Yo nací el 27 de Julio de 1915!

—¿En 1915? No puede ser. ¡Tú no puedes tener 88 años! Si sólo representas 35 años de edad. ¿O es que en verdad tú estás loco?

—Antes de comenzar te dije, que si no te lo contaba todo, desde el principio, ibas a pensar que estaba loco de atar. Déjame continuar con mi historia y, por favor, no te desesperes; tranquilízate, que ya te enterarás de todo.

El gigantesco conflicto bélico, conocido como la Segunda Guerra Mundial: 1939-45, afectó a los Continentes. Fue una guerra total que provocó grandes matanzas y tuvo profundas repercusiones en las fuentes de riquezas. Dicha contienda afectó al 90% por ciento de la humanidad. La mayor parte de Europa fue ocupada por los alemanes y luego, una amplia zona del centro, y del Este por los rusos; mientras los japoneses se instalaban en el Asia oriental, y en la zona del Pacífico. Ello motivó un pillaje sistemático en beneficio del ocupante; los beligerantes prepararon, concienzudamente, su economía de guerra; en especial Alemania, que logró controlar durante gran parte del la contienda el alza de precios y la inflación. En diciembre 8 de 1941, después del sorpresivo ataque a Pearl Harbor por los japoneses, los Estados Unidos entraron a la Segunda Guerra Mundial. Al Cuba atravesar una muy difícil situación económica, haberme enterado a través de la historia que los Estados Unidos nos habían liberado, en el 1898, de la corona española, y que estaban reclutando voluntarios de América Latina, que quisieran unirse a los Aliados, como un gesto de reciprocidad y agradecimiento me alisté en el Ejército de los Aliados. Y, después de dejar a mis tres hijos con mi madre, me fui a pelear contra los nazis… Nunca imaginé que el destino me tenía reservado el hecho más insólito e inaudito que registra la historia.

Mi primera actuación, en el escenario de la guerra, fue el 8 de noviembre de 1942. Las tropas Aliadas, al mando del General Eisenhower, desembarcaron en el norte del África, donde rápidamente nos apoderamos de Marruecos y Argelia. Y mi segunda participación fue en la liberación de París; el día 25 de Agosto, de 1944. Éste fue uno de los momentos más emotivos de esa guerra. Recuerdo que las francesas nos paraban en las calles para preguntarnos si nosotros éramos americanos: cuando les decíamos que si, llenas de admiración y agradecimiento, nos abrazaban y besaban. Ese pasaje penetró tanto en mi alma que nunca podré olvidarlo. Sin embargo después, cuando regresé y le dije que yo era un soldado de los que habíamos liberado a Francia de la ocupación alemana, ni me determinaron; me miraban con una impresionante indiferencia. Sólo les dije: Don't you remember august 1944? We don't madam. Más tarde me enteré que ellas hicieron lo mismo con los Nazis, cuando los alemanes ocuparon Francia. Entonces me dije: Vamos Manuel; no coja lucha por ello; recuerdas que ello es parte del folclor parisiense. Nunca debes de olvidar que Paris siempre ha sido hartamente folklórico.

En marzo de 1945 estábamos, junto con los rusos, en territorio alemán. En abril teníamos asediado Berlín. El 30 se suicidó Hitler. El primero de mayo se produce un hecho que marcaría el comienzo del más insólito hecho del siglo. Del cual soy protagonista. Ese día me ordenaron dirigir un Comando para vigilar una salida de la ciudad de Berlín. Se componía de 12 soldados rusos y

12 americanos. Yo era el que comandaba el Comando de los Aliados, y los soldados rusos era comandado por un general Ruso. Y a las tres de la mañana, de ese inolvidable día, venía hacía nosotros un camión blindado: estaba convoyado por dos Jeeps. Cuando los encargado de la barrera del Retén le dieron el ¡Alto!, los del Jeep los ametrallaron; formándose una descomunal batalla. Cuando hubo de terminarse el combate, no había quedado un alemán con vida. Y de mi comando, por ser lo que estaban en el retén, sólo quedamos tres con vida. El de los rusos, por ellos estar en la retaguardia, quedaron siete. Después de cerciorarnos que todo se hallaba bajo control, registramos el camión blindado y nos llevamos una gran sorpresa: ¡Éste contenía un valioso Tesoro! Su valor era incalculable. El general ruso me dijo que sobrepasaba los seiscientos millones de dólares. Confieso que yo no sabía que hacer; la sorpresa me quedaba demasiado grande. El comandante ruso me llamó para un lado, y me dijo: ¿Qué vamos hacer con todo esto?

—¿Qué usted sugiere? —Le respondí, algo intrigado. Y después de hacerme seña, que lo siguiera hasta un sitio mas alejado, me dijo:

—Si entregamos ese Tesoro a los gobiernos Aliados, después de repartírselo entre ellos nos entregarán una medalla de oro. Con ella no podrás comprar una finca para tener seguro tu futuro económico. Por ello: sugiero que guardemos ese valioso Botín en un lugar que sea seguro. Y después que termine la confusión, que reina en estos días, lo saquemos para repartirlo entre nosotros dos.

La verdad es que no se si fue por la tentación, al ver tanta riqueza acumulada y haber pensado en la estrechez en que se había desarrollado mi vida, también que, a la velocidad de la luz, mi mente fue invadida por la imagen de una bella finca en mi natal Esmeralda, con mucho ganado vacuno y árboles de mango bizcochuelo mi fruta preferida; pero sin pensarlo mucho, yo le respondí: ¡Procedamos con lo acordado! Quizás pienses mal de mí; sé que un hombre de honor cuando le haces un juramento a la patria estás obligado a cumplirlo. Pero para juzgarme tienes que estar en mi lugar. Yo tuve una niñez muy triste y bien estrecha. Pues, amén de ser abandonado por mi padre, tuve que vivirla en los años de la más grande depresión mundial de la historia. Es muy difícil olvidar cuando mi madre, por nosotros llevar dos días sin comer, llorando me dijo: Hijo, perdona que mate el único juguete que tú has tenido: tú gallito kíkirikí, pero yo debo hacerlo; no tenemos comida. Y que, con sólo cuatro años de edad, le dijera, ocultando el profundo dolor que mi infantil alma sentía, para que mi madre no sufriera: Mátelo, madre; total, ya yo no lo quería. Que cuando me estaba comiendo aquella sopa hecha con, como dijera mi madre el único juguete que mi niñez recibió fingía que me gustaba para que ella no sufriera; pero en el fondo de mi alma sentía que estaba comiéndome el gallito que más quizo mi niñez. No es nada fácil olvidar las noches que te acuestas con el estomago vacio; cuando no sólo el hambre no te deja dormir, también el ruido que hacen las tripas, pidiéndote a gritos que las llenes y el pensamiento más

—¿Qué pensarán los Aliados cuando no me reporte a mi batallón? Además, ello sería desertar. Y yo mi honor lo puedo manchar, por quedarme con un Botín de guerra; pero mi patriotismo no me permite ser un apóstata.

—¿Sabes en lo que terminan los patriotas? Después de dedicar su existencia a las decepciones que le producen el defender a la patria, terminan en una fría estatua, en un Parque llena de excrementos de pájaros, orine de perros, y con una leyenda: reconociéndole en muerte lo que en vida le negaron. También para que los políticos te tomen como piedra angular para sus campañas; que te conviertan en el héroe de la patria que soñaste ser; pero que ellos, con sus críticas mal intencionadas, te lo impidieron. Así es que decídete: o sigue siendo un patriota pobre y honrado o un acaudalado hombre de negocios. Lo primero puede llevarte a la cárcel o a la tumba; lo segundo: a vivir en la opulencia. Y no ir a la cárcel; puesto que: el oro todo lo compra.

—Me has convencido… ¿Qué tengo que hacer ahora?

—Seguir como si nada hubiese aparecido. Sólo reporta el encuentro que tuvimos y los muertos que hubieron. ¿El soldado que quedó con vida vio cuando sacamos el Botín?

—Negativo; previniéndolo, lo envié para la retaguardia.

—Me alegra saber que estoy tratando con una persona   inteligente. Mañana nos iremos, en un avión, para Rusia.

—Al otro día, salimos en un avión hacía Rusia.

Sin saberlo, estaba dirigiéndome hacía, tal vez, el más insólito e inaudito hecho que registra la historia.

—Perdona que te interrumpa; pero por lo que he podido apreciar, con esa inmoral actitud traicionaste al Ejército Aliado. Y, por ende, a tu patria. Yo en tu lugar no hubiese aceptado ser cómplice de tan indigna traición. El honor de un soldado, que defiende la bandera que representa, vale más que un costal de oro. El oro enriquece la materia; pero arruina el alma; es efímero; el honor nos enriquece el alma y nos fertiliza el espíritu. Es eterno. ¿No hubiese sido más honorable el haber terminado con el comandante ruso, y entregarle el Botín a tus superiores? ¿No tuviese hoy tu conciencia más tranquila; no te sentirías más honorable?

—Eso que me dices, yo lo pensé la primera vez que el comandante ruso me habló. Pero después cuando me dijo en lo que paraban los patriotas que son pobres y lo que significa el oro en la metalizada sociedad en que vivimos pensé que él tenía la razón. ¿Además; donde están los genuinos patriotas? ¿Son aquéllos que se refugian en un movimiento para gritar que están luchando por la libertad de Cuba... o son los que trabajan por un salario y cuando hay que hacer una aportación para la causa cubana se lo quitan de su sueldo? ¿Son esos guerrilleros que están destruyendo a su país manipulados por intereses foráneos y por sus ambiciones personales? ¿Los comunistas, que con su obsoleta filosofía están destruyendo a la otrora progresista Cuba, mientras gritan atiborrados de cinismo que la culpa de su fracaso la tiene el embargo puesto por Estados Unidos? Así es que por favor, no me juzgues; que ya la historia se encargará de ello. Déjeme continuar con mi insólita e inaudita historia.

Cuando llegamos a Rusia con el Botín, el comandante ruso hizo algo que me hiciera dudar de la lealtad que él me había prometido cuando decidimos quedarnos con el Botín: Me llevó al Despacho de Stalin. Éste después de felicitarme por haber tomado: "la savia decisión de quedarnos con el Botín y no haberlo compartido con los imperialistas de occidente", me dijo, que me enviaría para una Dasha. Que ello era muy saludable para ambos; ya que, si los Aliados se enteran que nos hemos llevado ese Tesoro, nos lo confiscarían para entregárselo al pueblo Alemán. Y usted y su cómplice: nuestro comandante, irían para la cárcel. Que no me preocupara; que en la Dasha, a la que me iba enviar la pasaría muy bien; ya que era la Dasha preferida de él. Que allí la iba a pasar mejor que en Moscú; puesto que, allí, amén de tener las comodidades necesarias, la caza y la pesca eran bien abundantes. Es más, le anticipo que después que conozca esa Dasha me pedirá quedarse en ella para siempre. La realidad era que yo no le creía; la sicología que me inyectó el vientre de mi madre me dictaba que sus palabras estaban carentes de sinceridad. Hijo, cuando quieras saber si lo que te dicen es cierto, sólo mírale a los ojos a quien te habla. Me solía decir mi madre. Ello fue lo que hice con Stalin: cuando me hablaba, miré a sus ojos y noté que estaba mintiéndome. Entonces pensé: mi mejor y única solución es, después que haya analizado bien la Dasha, que conozca todos los contornos, donde me enviarán, buscar la forma de escaparme.

—Comandante; ello no fue lo que acordamos en Berlín —Le dije, después que salimos del Despacho de Stalin.

—Yo le dije que partiríamos el Botín entre nosotros; y ello es lo que haremos. ¿Por qué dudas de mi acuerdo?

—Porque usted no me dijo que teníamos que hablar con Stalin. Y según ha dicho, él será quien hará la repartición.

—No te culpo por ser demasiado desconfiado; tú te has desarrollado en el putrefacto capitalismo de América. Pero estás en Rusia; en el país de la honradez y del amor a los pobres. Lo que te ha prometido José Stalin es vivir con las comodidades de un millonario. La Dasha donde vivirás es su preferida. Hasta le fecha sólo la han visitado los más grandes estadistas de la política internacional. Tú eres el primer pobre que, no sólo la visitarás, sino también que vivirás un tiempo en ella. Ya verás como te va a gustar.

—¿En que zona de Rusia se encuentra esa Dasha?

—En la zona del Monte de Anadir. Cerca del Estrecho de Bering. Esa Dasha fue construida por el Zar Alejandro I, en 1823. Cuando Alaska era territorio de Rusia.

Las palabras del comandante ruso eliminaron mi temor; aunque no lo suficiente para suprimir del todo el de ser traicionado. Eso de que si soy demasiado desconfiado era por haberme desarrollado en el putrefacto capitalismo de América. Y que Rusia era el país de la honradez y del amor a los pobres, no me convenció del todo. Ya que, según dijo la prensa internacional, los revolucionarios rusos eran los más asesinos, y los más corruptos del hemisferio oriental. Ello lo corrobora el salvajismo usado en la masacre de la familia Románov; el ultimo zar de Rusia, efectuado por los bolcheviques rusos; que acribillaron salvajemente, no sólo al zar y a la zarina, sino también a sus hijos: niños y niñas cuyo único delito era el ser hijos del Zar. También; que los salvajes que los asesinaron, les habían robado todas sus pertenencias. Y quienes actúan atiborrados de salvajismo no pueden ser catalogados como honrados. Y eso de que en Rusia se profesaba el amor a los pobres era retórica; ya que los sistemas comunistas suelen convertir a los pobres en sus esclavos. A la clase pobre: los ideólogos del Partido Comunista le suelen sembrar en sus ingenuos cerebros un odio salvaje a la clase rica; les inyectan en sus venas una sobre dosis de la venenosa falacia: que los culpables de su pobreza son los ricos. Pero ellos suelen vivir con el lujo y las comodidades de los millonarios. Vivan como nosotros les decimos; no como nosotros vivimos. Le suelen decir los ideólogos, de la cúpula gobernante, a los pobres que han convertidos en sus esclavos. Además: mientras más ricos tenga un país en mejor estándar de vida viven los pobres.

Cuando llegué a la Dasha, me impresionó harto su lujo; también quien estaba a su cargo: Doña Karina Kazakstán. Los empleados le decían: La Secretaria. Ella tenía 45 años pero representaba menos; aunque su recio carácter le iba a la par con su edad. Era de una estatura promedio; tenía una cara bien bella y contaba con un hermoso y estilizado cuerpo. Con ella vivía su única hija; ésta tenía el mismo nombre de su madre: Karina Kazakstán. Pero le decían: Karinita; tenía 22 años de edad y se parecía a su madre. Desde nuestro primer encuentro de Karinita y yo nuestros corazones quedaron colmados de amor. Ello nosotros lo comentaríamos después que por mutuo acuerdo, vivíamos en unión matrimonial. Ella tenía un rostro angelical, que con su bella cabellera rubia, le daba un porte de la más pura nobleza. Ello me hizo pensar, mas de una vez, que su madre era la hija del zar, que decían fue el único cuerpo que no apareció en el sitio donde hallaron enterrados los restos de la familia Románov: Anastasia. Por la edad, y la fecha, y por estar en un lugar tan alejado de Moscú, todo cuadraba perfectamente; pero al ser tan explotado por los medios informativos, en el supuesto caso que fuese cierto nadie me lo iba a creer. Sólo una vez se le pregunté a Karinita, pero el ser su reacción tan negativa, jamás se lo volví a preguntar. Aún recuerdo como se transformó su rostro cuando me dijo: ¡Jamás me lo vuelvas a preguntar! Y, si acaso lo hiciere, que no te escuche mi madre; ello seria nuestro final. Tampoco quiso decirme quien era su padre biológico. Como hombre bien enamorado, jamás le volví hablar sobre ese escabroso tema. Había algo que si me preocupaba: que, al ser caribeño, nuestras relaciones íntimas se tornaran frívolas. Pero ello quedó descartado desde nuestra primera intimidad. El ser cubano me ayudó mucho; pues la mayoría de nosotros tratamos de ser bien complacientes con la mujer cuando realizamos el delicioso acto sexual; tratamos que ella disfrute harto, en nuestras relaciones íntimas. Ello hizo que nuestro amor días tras días se fertilizara. Tanto; que mi vida se había convertido en una salvaje obsesión a que llegara la noche para estar en la intimidad con ella. No tenía tiempo para pensar en otra cosa que no fuera ello; hasta me había olvidado del Botín. Una tarde, que me hallaba pescando en el lago, que había en la Dasha, pasó por mi mente la sospecha de que todo había sido un plan, elaborado por Stalin para que yo me quedara en Rusia, y no reclamara mi parte del Botín. Esa noche, cuando se lo comenté a Karinita, no sólo supe que yo estaba equivocado, sino también que ella odiaba a Stalin. Karinita me dijo que era el hombre más inhumano que haya nacido en el territorio ruso. Que por su ambición al poder absoluto él había cometido los más monstruosos crímenes de la historia. El que más me llamó la atención fue cuando, con la mayor sangre fría y sin el menor asomo de vacilación o lamento, él dejó morir de hambre a diez millones de ucranianos a fines de 1920's. Cuando se llevó a cabo la colectivización en la Unión Soviética. Para esa época el sanguinario dictador contaba con la suficiente cantidad de granos para alimentar a los campesinos de Ucrania. Región donde la hambruna había atacado con más fuerza. Pero el diablo que llevaba adentro el pernicioso dictador le impedía sentir compasión por los demás. ¿Si en esos desdichados días de la Unión Soviética el que, por haber sido quienes derrotamos a los nazis, nos pertenecía.

Yo sabía que eso no era cierto; pues, los Aliados, bajo las órdenes del General Dwight Eisenhower, fuimos los que derrotamos a los alemanes. Los rusos nos ayudaron en la toma de Berlín, cuando los aliados ya lo teníamos rodeado; pero callé, no les dije nada; pues, sabía que eso era lo que ellos querían: que yo me declara un soldado Aliado; para tener una excusa para matarme y quedarse con mi parte del Botín. En ese momento llegó a mi mente un refrán que mi madre me decía: «En boca cerrada no entran moscas».

Al notar mi silencio, Stalin me dijo: —Veo que se ha cumplido mi profecía, de cuando te dije que esta Dasha te iba a gustar tanto, que te quedaría a vivir en ella. Pues, he notado que te has enamorado de la bella Karinita.

—Es cierto, Karinita y yo estamos enamorados; pero no pensamos vivir aquí por mucho tiempo. Nosotros estamos esperando resolver el asunto del Botín para trasladarnos a Moscú. Este lugar es encantador; pero para vacacionar. No para tomarlo como residencia permanente. Ello sería como condenarme a una congelación perpetua.

Después de decirles cuales eran mis planes, noté que su rostro se había transformado; ahora mostraba enfado.

—¿Karinita, tu también quieres irte para Moscú?

—Si, padre; yo quiero estar donde él esté.

—Pues, trataré de resolverle a Manuel, lo más pronto posible, el asunto del Botín. Pueden seguir pescando, que yo descansaré. Ha sido largo y tedioso el viaje. Nos vemos esta noche, a la hora de la cena.

Cuando estábamos en el lago, le dije a Karinita:
—¿Por qué lo llamaste padre?

—Porque desde que tengo uso de razón lo llamo padre.

—¿No será que él es tu padre biológico?

—Realmente no lo se; mi madre nunca me ha querido decir quien es mi padre biológico. Sólo me dice que mi padre murió cuando yo estaba en su vientre. También me dice que, antes de yo nacer, ella tuvo dos varones y que ambos murieron antes de llegar a cumplir el primer año de edad. Mi vida se ha desarrollado rodeada de misterios. En mis sueños infantiles solía soñar con mis hermanos todas las noches; pero los veía corriendo y de unos ocho años de edad. Sin embargo, con el padre, que dice mi madre murió cuando yo no había llegado a la luz solar, nunca he soñado. Si he soñado que él, Stalin, es mi padre. Y cuando sucede me atemorizo. Yo no se porque le tengo tanto miedo a Stalin; pues, él es muy bueno conmigo.

Días después, como a las tres de la tarde, le dije a Karinita que recogería los utensilios de pesca para irnos. Al mirar al cielo, para calcular la hora por la posición del sol vi una paloma que, al ir volando sola y la velocidad y la altura que volaba, me di cuenta que era Mensajera. Al haber muchos osos blancos, por la zona donde se haya la Dasha, yo portaba un rifle de largo alcance colgado en el hombro. Y, cuando me di cuenta que la paloma llevaba un mensaje le disparé un tiro con el rifle y la derribé. Cuando tenía en mis manos la nota que llevaba en su pata le dije a Karinita: Debemos irnos bien pronto de la Dasha. Oye lo que dice esta nota: "Terminen con los tórtolos. Firmado: ODMS. Quiere decir: Orden del Mariscal Stalin." Vámonos para la Cabaña; pues, tenemos que hacer los preparativos para partir en las primeras horas de mañana.

—!Yo no creo que Stalin de la orden de matarme!

—Karinita, cuando dijiste que no soñaba con tu padre biológico; pero si lo hacía con Stalin, me di cuenta que él es tu padre; y que tu madre es una Románov. Pero ello lo aclararemos cuando salgamos de esta solitaria y peligrosa zona. Regresemos a nuestra Cabaña.

Al otro día, temprano en la mañana, partimos. No se si era por la tensión que me invadía, al pensar que teníamos que transitar por senderos desconocidos que, por estar cubierto por nieve perpetua se hacían más peligroso; pero esa mañana la sentía mas helada que las anteriores. A las seis de la mañana salimos de la Dasha con el pretexto de que íbamos, como era la costumbre, a esquiar y cazar los visones que halláramos en la ruta. La Dasha se hallaba ubicada en la ladera de una montaña. La pista mas usaba para esquiar, se hallaba en la pendiente donde estaban las cabañas. La ladera del otro lado era más larga; también la más profunda. Esa era la que teníamos que tomar, para después cruzar una montaña de menos altura, que nos conduciría hasta el Estrecho de Bering. Nuestro paso era lo más rápido que nos permitía la nieve; queríamos estar alejados de la Dasha, cuando llegara la noche. La mañana pasó sin novedad;

nos topamos con algunos osos pero los esquivamos con facilidad: íbamos con los esquís puestos. Pero, cuando apenas la tarde había comenzado, divisamos a unos hombres cuando trataban de ocultarse detrás de los árboles. Al tiempo que nosotros nos desviamos de la ruta, le poníamos más velocidad al descenso. Lo último que yo recuerdo, fue cuando sentí varios disparos de rifles, muy potentes; cuando Karinita rodaba cuesta abajo, dejando una estela de roja sangre mesclada con la nieve, y que yo la seguía tratando de darle alcance. Los potentes disparos de los rifles ocasionaron una gran avalancha que me dejó sepultado debajo de la nieve. Al principio quise moverme, pero no pude; el silencio era dueño absoluto del lugar; yo me hallaba impotente; ni siquiera podía gritar para pedir auxilio. Sólo podía pensar… y sentir como el frio me iba congelando la sangre y que los latidos de mi corazón iban tornándose más fuertes; pero más lentos; también que, al tiempo que perdía fuerza… el sueño me iba venciendo… hasta que éste se coronó triunfador.

Cuando desperté me hallaba frente a unos esquimales. ¿Dónde está Karinita? Fue lo primero que hice: preguntar por Karinita. Noté que todos me miraban extrañados; como preguntándose: ¿Qué cosa será Karinita? Pues, apenas nos entendíamos; pero la expresión de sus miradas me decían que se trataba de gente nobles; que sentían por mi persona una pizca de asombro, y de compasión. Eso me decía que ellos eran mis salvadores. Y ello hizo que se me dilatara la vena de la curiosidad; mi Yo interno necesitaba saber que me había pasado, y como estas nobles personas me habían salvado. Y por supuesto, que le había pasado a mi Karinita. Fue por ello que días después, me enteré de lo sucedido: Ellos, los esquimales, estaban cazando osos. Y una mañana después de haber herido a un enorme oso blanco éste cayó rodando por la pendiente, quedando enterrado en la nieve, cerca de donde nos hallábamos sepultados Karinita y yo. Y sus perros, no sólo dieron con el oso sino que indicaron a los esquimales que allí, debajo de donde ellos escarbaban, había otra cosa enterrada. Los esquimales pensaron que era otro oso, que había quedado sepultado bajo la nieve; pero se llevaron una gran sorpresa, al ver que en vez de un oso ruso se encontraron con un hombre congelado. Mi suerte fue que fueron los esquimales los que me hallaron; ellos tienen una técnica para revivir a un ser congelado que aún no ha llegado a la civilización. A Karinita la tenían en un iglú, esperando mi inusitada resurrección. Ella tenía la cabeza atravesada por una bala; por lo que no pudo ser revivida. Pero le hicimos un entierro al estilo de la más alta nobleza de la tribu. Les dije a los esquimales que Karinita era una Reina; pero, no les expliqué que de mi corazón; quizás no lo hubiesen entendido. Además, mi sospecha que era una Románov, aún seguía latente. Su madre tenía los rasgos, también la edad que, a la sazón, tendría Anastasia.

Si el día que los esquimales me revivieron me llevé una enorme sorpresa, más grande fue la que me llevé cuando, en el Barco que me trasladaba para Alaska, me enteré que estábamos en el año 1992. Es decir: que estuve 46 años bajo la nieve. Mi primera reacción hizo que los marineros pensaran que había perdido el norte; pero al comprender mi situación, les dije que había sido un chiste. Hacía 46 años que no veía a personas reír con tanta pasión. Todos paramos en un aparatoso ataque de risa. Después me puse a pensar en lo que diría cuando llegáramos a tierra firme. Seré un polizón; ese lado está resuelto; ¿pero que diré cuando llegue a mi pueblo? ¿Qué habrá sido de mis padres y de mis hijos; estarán vivos? ¡Quien creerá mi inaudita historia! ¿Estaré condenado a decir que todo fue un chiste? ¿En eso se ha convertido mi vida: en un chiste? Lo mejor que puedo hacer es no cruzar el puente sin haber llegado al río. Ya encontraré la forma que alguien me crea... pensé.

Cuando llegué a Juneau, Capital de Alaska, me hice pasar por un turista, amante de las pieles. Sabía que la mayoría de las pieles que se venden en Alaska provenían de Rusia, y de la zona donde viví la más insólita aventura que ha conocido el hombre: Estar 46 años bajo la nieve y haber sido revivido por los esquimales. Además; Karinita me había enseñado sobre la calidad de las pieles; sobre todo: las del Visón.

Al otro día de haber llegado, hice contacto con unos mexicanos que tenían en una Fábrica de Pieles. Cuando me entrevisté con ellos, les dije que era cubano.

—¿Cubano? ¿Chico tú eres del comandante... o eres gusano? —Me preguntaron los mexicanos algo intrigados.

—¿Cuál comandante el de Rusia?—Respondí pensando que se referían al comandante ruso, el que se quedó con el Botín. La respuesta fue el segundo ataque de risa que recibía en los últimos 46 años. Los mexicanos pensaron que yo era un cubano chistoso. Después, el dueño ordenó a un empleado que me mostrara la fábrica. Cuando nos separamos del grupo, el pinche mexicano que me guiaba comenzó hacerme preguntas sobre el comandante.

—¿Qué usted piensa del comandante; él no es lo malo que dicen los intransigentes de Miami, no es cierto? Yo se que tú no quieres hablar porque simpatiza con él. ¡Verdad que si, manito! —Repetía, sin cesar el pinche buey. Al no saber de que comandante me hablaba el pinche mexicano para quitarme de encima la retahíla de preguntas que me hacía, sobre el comandante, el baboso mexicano, le dije: ¡Claro manito! Tú también: ¿Cierto buey?

—Pues claro, mano. ¡Chócalas! —Me daba su mano para que le diera la mía y después darnos un apretón de manos. Yo, por supuesto, fingiendo que simpatizaba con el pinche comandante. Me había dado cuenta que el tal comandante tenía simpatizantes entre los mexicanos; pero, al no saber de que comandante me hablaba, pensé saber más de él usando de informante al mexicano. Dime todo lo que sabes del comandante —dije, al mexicano, con amable tono.

—Lo único que sé del comandante es que mandó pa' la chingada a los gringos; a los explotadores de los obreros.

Al notar la atención que le ponía, el pinche mexicano habló hasta por los codos. Por él pude enterarme de quien era el tal comandante y lo que le hizo en mi bella patria. Cuando se le agotaron los argumentos al mexicano; para seguir hablándome del comandante, le dije: —¿Cuánto tú dices que gana un obrero, en una semana, en Cuba?

—¡Treinta pesos semanales! La educación y la medicina es gratis. Aquí en los Estados Unidos, esas chingadas son demasiado caras. Tan caras, manito; que son prohibitivas —rezongó el pinche buey.

—¿Cuánto ganas en este trabajo?

—Pues, el paisano que tengo de patrón, solamente me paga doscientos cincuenta dólares a la semana.

—Según me has dicho, el peso cubano está a 30 por un dólar. Ello quiere decir que un obrero cubano sólo gana un dólar a la semana. Y tú ganas doscientos cincuenta dólares a la semana. Que serían: 30 mil pesos cubanos mensuales. ¿No has pensado que con ese sueldo en Cuba te alcanzaría para pagar el alquiler de una buena casa, la educación de los hijos, la medicina, tener televisión, aire acondicionado, y un automóvil, para pasear la familia en las vacaciones que, por ley, te tiene que dar tu patrón una vez al año? ¿Tú tienes automóvil?

—Yo si tengo automóvil; pero ello no evita, yo piense que el patrón que tengo sea un explotador del obrero.

Por la forma en que me habló, pude darme cuenta que era un tarado; un indocumentado que, pronto dirá que los americanos no quieren a los inmigrantes; no que es a los indocumentados. Entonces pensé: ¿Para esto combatí en la Segunda Guerra Mundial? ¿Qué han hecho de su país los americanos, en los 46 años que estuve debajo de la nieve: dejar que se llene de tarados como este? ¿Dónde están los Generales Patton, Eisenhower, y Mac Arthur? ¿Se habrán olvidado de George Washington? Después de venderle los abrigos de piel de visón al fabricante… me fui para Miami.

Cuando llegué a Miami, al ver los adelantos de estos tiempos, la comodidad en que viven sus habitantes; que todas las casas tenían aire acondicionado, un aparato de televisión (no la conocía), automóvil en el garaje, y haber notado que Hialeah se había convertido, de una ciudad de potreros de vacas lecheras, donde sólo se hablaba inglés, a una moderna ciudad con calles pavimentadas, atestada de automóviles, y donde prima el español, me asombré harto. Cuando me incorporé al Ejército Aliado, en el 1942, fui enviado a la Base de Opa Locka. Esta estaba rodeada por viejas casas de madera con todas las puertas y ventanas forradas con tela metálica para protegerlas de la enorme cantidad de mosquitos que había en esa zona del NW, cerca a Hialeah. Pero cuando la visité, ahora, mi asombro fue mayor aún; pues, Opa Locka hoy está llena de casas modernas, todas tienen aire acondicionado, televisión, y los mosquitos ya no existen. En ese instante me llegó a la mente la imagen del mexicano que encontré en Alaska. Y le dije con el pensamiento: ¿Aún no te has dado cuenta buey, que mientras el comunismo lo va destruyendo todo la democracia todo lo va construyendo? ¿Qué un obrero en los Estados Unidos vive con las comodidades que sólo los ricos de los países de América Latina, y de muchos países de mundo pueden disfrutar? No seas un tonto útil, buey, y rectifica; pues aún tienes tiempo. Además la democracia siempre está con los brazos abiertos para la cede del gobierno a través de un golpe de estado, y se mantuvo ocho años como dictador. ¡Carajo cabezón; por qué tantas mentiras! ¿Cual es la razón? Le volvía gritar, al radio receptor. Pero mi furia llegó a un nivel tan excesivamente elevado, que llamé por teléfono a la emisora de radio: ¡Oye, quien dijo que Geraldo Machado dio un golpe de estado en el 1925. Él, Gerardo Machado, fue electo en las elecciones del 1924, venciendo al doctor Domingo Capote Méndez. Y el 20 de Mayo de 1925 asumió la jefatura de Estado. ¿Además: por qué tú dices que él fue un dictador? ¿Cuando por tener pendiente un préstamo de 87 millones, solicitado para completar la labor de reforma que había comenzado su gobierno, él solamente pidió una extensión de dos años al presidente Calvin Coolidge? Aquí tengo una copia de lo que él le dijo y se la voy a leer: "El presidente Gerardo Machado le dijo al presidente Coolidge que él no deseaba permanecer en su cargo por más tiempo que el necesario para completar la labor de reforma que estaba realizando. Que él no quería una reelección; pues estaba opuesto al principio de una reelección. Ya que él estaba convencido, que era esencial que Cuba incluyese en su constitución el principio de la no reelección. Machado no quería cuatro años adicionales; pues, no se proponía que las enmiendas constitucionales que fueron propuestas, al ser aceptadas, prorrogasen su periodo de gobierno por cuatro años, sino sólo por dos. Dos años eran necesarios para que pudiese completar su labor. Era absolutamente indispensable –decía-, que la próxima elección en Cuba se pospusiese por ese hecha a una familia cubana cuando trataban de salir de Cuba en un Remolcador del Puerto. Con esa noticia me di cuenta que los asilados cubanos habían tomado el restaurante Versalles como centro de reunión; sobre todo, frente a la cafetería; fue entonces que pensé ir hasta la cafetería de marras, para ir relacionándome, poco a poco, con mis paisanos cubanos.

—!Viste esto tú! -Dijo un cubano al momento de llegar al grupo que formaba ese día la tertulia de la cafetería del Versalles, señalando un periódico que traía en su mano-. Yo creo que Cachao se ha vuelto loco o cogió una juma con chispa e' tren. Pues, eso de decir que él es el creador del mambo, sólo se le ocurre a quién tiene Guayabitos en la Azotea. Puesto que; nosotros los cubanos, sabemos que Dámaso Pérez Prado, no sólo fue su creador, sino que es el único rey del Mambo a nivel mundial.

—Yo, al no saber quiénes eran Cachao y Pérez Prado, me mantenía callado; pero con el sentido de la percepción dilatado. Estaba conociendo detalles de la Cuba en que había nacido; pero en la época en que no la viví; en la que me obligaron hacer un muy largo y muy frio mutis.

—Chico, pero lo que él dice es que es el creador de ese ritmo; no el rey del mambo —Respondió un contertulio.

—Mira, mi socio; de lo único que Cachao puede ser creador es de, él haber incluido en el pentagrama musical cubano la palabra mambo. Vocablo de origen africano que quiere decir: muy rápido. Yo les explicaré como fue que surgió esa pieza musical: Hubo un músico cubano -no hay certeza de quien fue-, que incluyó en la orquestación de un Bolero Son la palabra: Mambo, para que los ejecutores identificaran la transición al estribillo. Pérez Prado -esto me lo dijo él, cuando andaba por toda La Habana con la orquestación de su primer mambo bajo el brazo buscando quien se lo grabara -al notar que a los bailadores cubanos lo que más le gustaba bailar era el estribillo se me ocurrió la idea de llevar los cuatro compases, de la transición al estribillo, que está señalada por el vocablo mambo, a los 32 compases de las pieza musical, es decir a toda la pieza. Y le puse mambo-. Fue así como nació el mambo. Y su creador fue: Dámaso Pérez Prado.

—¿Toribio; leíste la carta que le envió un lector de este periódico a Pablo Escobar? — Le preguntó un contertulio.

—Por supuesto que la leí; pues, esa carta es una de las mejores que han enviado los lectores de este periódico.

—¿Entonces que espera para leérnosla? —Dijo otro contertulio.

—Se las leo si me invitan a un café, con su tabaco.

—Vamos, chico; no te hagas rogar. Te pagaré el café y el tabaco; pero después que nos lea la carta de marras.

—Trato hecho. Este lector le dice a Pablo Escobar: Señor: Pablo Escobar Gaviria:

Cuando usted anunció, en una carta enviada al Fiscal General de la República de Colombia: Gustavo de Greif, la creación de un nuevo grupo llamado Antioquia Rebelde, debió tomar la ruta que conduce a la isla de San Andrés y, después de tomársela por la fuerza, declararla: Territorio libre de América. Después manifestar que usted es un revolucionario, un guerrillero que está luchando por una América libre y, esto es bien importante, que usted es un antiamericano. Con esas credenciales, ya puede traficar, no sólo con drogas, sino con armas y todo lo que tenga que ver con terrorismo. Ello hará que muchos amigos vayan a visitarlo sin recibir una fuerte crítica de la prensa. Ésta dirá que todos tenemos el derecho de ir donde nos dé la real ganas; aunque usted no deje que los sanadresanos salgan de la isla. Y, también, los artistas extranjeros irán a cantarle de gratis -ellos dirán que fueron a cantarle al pueblo no a usted, aunque sólo asistan sus lacayos, no el pueblo-. Ello no importa; el mundo está lleno de artistas frustrados. (Interpretar frustrados como comunistas). Los presidentes de México, Chile, Santo Domingo, etcétera, no sólo lo visitarán, sino que ellos lo invitarán a que usted los visite. También; que en vez del Padre García Herrero lo visitará un enviado especial del Vaticano. No importa los muertos que tenga a su haber: por una buena limosna el Vaticano, no sólo suele perdonar a los pecadores, sino que también suele confundir a Pecadores por Justos. ¿Acaso no perdonaron a Judas? Otra de las grandes ventajas que tendrá su dictadura comunista, es que algunos escritores lo defenderán; hablarán bien de su sistema totalitario, con la pretensión de que usted le compre una buena cantidad de libros, y se los regale a sus lacayos. Y que los promueva para un premio novel de literatura. Recuerde bien esto: no sólo el Vaticano vive de las limosnas; sino también algunos escritores. ¿Piensa que la ONU o la OEA lo invadirán? Al contrario; lo llamarán Presidente y lo invitarán a tener una delegación de su Cartel, perdón, Pablito: de su revolución. Ahora bien, sígale el juegito a la Prensa. Cuando ellos le pregunten que si usted no siente ningún remordimiento por los muertos que tiene a su haber, no lo niegue, sólo diga que usted es un revolucionario; que está luchando por un ideal. Sobre todo; a las cadenas televisivas de este país. Ellas son muy, pero requeté muy comprensivas. ¿Piensas que la comisión Internacional de los Derechos Humanos lo condenarán? Tranquilo, Pablo; sólo tiene que decir que es mentira; que su revolución es la más humana del orbe; que ello es una patraña montada por los imperialistas yanquis en contubernio con el intransigente exilio de Miami. ¿Qué donde vivirá después que usted se retire? Por favor Pablo; después de haberse declarado antiamericano; tener hartos dólares en los bancos de Europa, y tener esos apellidos: Escobar y Gaviria, la Xunta de Galicia le tendrá reservada una casa para su retiro. No olvide que, no sólo el Vaticano vive de las limosnas. Y, también, aunque en el pueblo de Bani el Generalísimo Máximo Gómez se esté revolcando en su tumba, los liberales de la República Dominicana -Santo Domingo; buscarán una Universidad para darle el título de: "Doctor Honoris Causa." ¿Piensa que los Estados Unidos le hará un embargo y los sanandresanos morirán de hambre? Por favor; que poco conoce usted a los afroamericanos de este gran país: "Los Pastores por la

Paz" le llevarán todo lo que usted necesite para seguir contrabandeando drogas; engendrando terrorismo; cercenando vidas y destruyendo pueblos. Ellos lo llamarán: "Cruzada San Andrés Va". No se olvide, Pablo, que en la Tierra:"Dios los hace y el Diablo los une." ¿Cierto? También: que no hay seres que odien más al Hombre Blanco que los negros americanos. Si usted suele dudarlo, se lo puede preguntar al Pastor: Jeremías Rice.

Confieso que, mientras más me enteraba de quien en realidad era el comandante, más lo iba odiando. Sólo de saber que había tantos cubanos desterrados por su culpa, que se había adueñado de toda Cuba, me decía que él no era bueno: que el tal comandante era un mal cubano.

—Aquí, en este periódico, hay una carta, enviada por otro lector, que también esta muy buena —dijo Toribio.

—¿Y que espera para leerla? —Le dijo un contertulio.

—!Que Cheo me pague el café y el tabaco prometido!

—Toribio —decía Cheo—; ¿tú no confías en mi palabra?

—Por supuesto que confío; por ello te estoy cobrando. ¿Acaso no me dijiste que me pagaría en cuanto terminara de leer la carta? Pues, ya la terminé de leer; así es que ponte pa' tu número… suelta el gallo, mi socio.

—Este Toribio está saliéndome muy caro; más caro que un Lector de Tabaquería. Vamos a la cafetería para que pidas el café y el tabaco… Y después lees esa carta.

El haber venido a la cafetería del Versalles, me enseñó muchas cosas del comandante; cosas que me llenaron de frustración; pues nunca pensé que mi patria pariera un ser tan lleno de odio; que odiara tanto a sus coterráneos; pero también aprendí, que ni siquiera la cruel dictadura que le impuso a Cuba pudo quitarle al cubano el buen humor que suele caracterizarles. Ese dialogo entre Toribio y Cheo no tenía desperdicios; era el clásico dialogo entre cubanos.

Después de haberse tomado el café, y haber encendido el tabaco, Toribio decía: —Esta carta trata de la repuesta que le da un columnista a un lector que le dice en su carta, que está de visita en Miami; pues, vino a aprender con los exiliados como luchar contra la izquierda internacional… que opera en su país: Colombia.

—Amigo colombiano —Toribio leía la carta—. En tu lucha contra la izquierda de tu país te encontraras con un viejo mito que fue sembrado en las Américas por la izquierda europea: que la culpa de nuestro atraso económico se debe a nuestra dependencia con los Estados Unidos. Hicieron creer la teoría, de que si los Estados Unidos eran ricos fue porque nosotros éramos pobres; que éste, cual tiburón, se alimentaba de los peces más pequeños. Pero esa teoría, que fue dogma de fe entre los progresistas por décadas, era un mito. Ese mito fue una de las tácticas usada por las coronas en las Américas para sus pérfidas pretensiones de reconquistar las Colonias perdidas. ¿La Santa Alianza?

En la lucha por su independencia, los países de las Américas ponían como argumento que las coronas, cual gigantesco pulpo regaba sus tentáculos por los territorios de America, para absorberle la sangre a sus indefensos habitantes. Que mientras más poderosas ellas se convertían más débiles se transformaban los pueblos de América. Para propagar su nociva falacia encontraron el virus perfecto: El comunismo Internacional. Pero, como a la larga la razón se impone, el mito fue demolido con la difusión del éxito de los países del sudeste asiático: Plenamente evidente en los 1970's. El mito nunca guardó una relación fidedigna con la realidad. Estados Unidos de Norteamérica, se había desarrollado con impresionante vertiginosidad en la época en que dependía más de Inglaterra. Fue un mito que tuvo un efecto dañino sobre el pensamiento político y económico nuestro: Si las causas del desarrollo no era nuestra culpa, no éramos los responsables del atraso. Fue una coartada que alimentó el pesimismo y la apatía latinoamericana. El comunismo fue un desastre económico; pero fue muy eficaz para propagar sus mitos, mientras socavaba las verdades del contrario. Ello casi provocó el divorcio entre los Estados Unidos y los países progresistas del mundo. Pero el derrumbe del atroz comunismo ha cambiado las cosas. Hoy el mundo acepta que el capitalismo no sólo es mejor que el comunismo para crear riqueza, sino para distribuirla equitativamente. Por los documentos ocupados, al partido comunista de la Unión Soviética después de su caída, pudimos enterarnos: que el comunismo es el verdadero culpable de la situación por la que está atravesando el mundo hoy. Por ello, sólo hay una solución: "Terminando con el comunismo se terminan con los males que está padeciendo el mundo político y social de hoy; pues, el nefasto comunismo es el verdadero Nudo Gordiano de la situación desesperada por la que atraviesa hoy la humanidad. ¿Quiénes lo romperán de un sablazo?

Mientras todo ello ocurría; yo observaba callado. Hubo momentos en que llegue a pensar que si no se me hubiese ocurrido la idea de ir a esa cafetería, de la calle ocho, mi nuevo advenimiento a la vida se hubiese malogrado. Ya que al no saber, ni siquiera que el comunismo se había caído en la Unión Soviética, y que el muro de Berlín lo habían derrumbado, me hubiesen internado en un Centro Psiquiátrico. Por ello, me puse de acuerdo con mi cerebro para que se convirtiera en una esponja y absorbiera todo lo que se hablara en esa tertulia frente a la cafetería del Versalles.

—¿Muchachos; leyeron el artículo sobre la televisión que sacó este periodiquito? —Dijo un contertulio, al momento de levantar el brazo para mostrar un periódico.

—Ñico; que sea la última vez que le dices periodiquito a mi tabloide. Ese artículo fui yo quien lo escribió.

—Que pasa, mi socio; por que se comporta así con su Bacán. Olvidaste que nosotros le decimos a tu tabloide: "Periodiquito", como un gesto cariñoso; no despreciativo. Para que veas que no te miento, si nos lee ese artículo, sobre la televisión, te invito a tomarte café y fumarte un tabaco. Y perdona que ordene a quien debo servir.

—Chico, Lalo; a tí tienen que haberte votado de Cuba por muelero; pues, el único que puede dar muela en Cuba es el muelero mayor.

—¿Quién es el muelero mayor? —Pregunté, con tanta rapidez, que asusté al interlocutor. Al notar su reacción fingí que reía... y después le dije: Es que eso, del muelero mayor me sonó muy simpático.

—Ya me extrañaba que un cubano no supiera que el comandante es el Muelero Mayor —Dijo Lalo-. Bueno, por petición de Ñico, les voy a leer el artículo que yo escribí sobre la televisión. Y el cual titulé:

** *La televisión: un maravilloso invento.* **

La televisión ha sido el más maravilloso invento del siglo XX. ¿Ha pensado el lector los adelantos que nos ha proporcionado la televisión? Son tantos, que la lista seria interminable. ¿Qué seria de la computadora sin el monitor? En el año 1926, el físico inglés: John Logie Baird, daba a conocer en la ciudad de Londres su maravilloso invento: ¡Nacía la televisión! Ésta, no sólo ha sido el mayor vínculo para propagar la cultura de los pueblos, sino que ha sido el más efectivo para la educación; sobre todo, en la medicina. En los deportes ha jugado un papel tan importante, que ha adelantado a más de 50 años la técnica deportiva: hoy los técnicos se documentan a través del videocinta. En el 1962 vi por primera vez un partido de fútbol; fue en Ecuador. No me gustó; me resultó aburrido. En el 1963 vi otro partido; este fue en Colombia; tampoco me gustó. Pero, cuando vi por la televisión un partido entre Argentina y Brasil, me cultivó; quedé aficionado al fútbol. Ello era porque Brasil y Argentina jugaban el mejor fútbol del mundo. Sobre todo Brasil; que tenía dos jugadores que, para mi, han sido los mejores jugadores de todos los tiempos: Edson Arantes do Nascimento: -el Rey Pelé. Y Manuel Francisco do Santos:-Mané Garrincha. Garrincha era mi favorito. Para mi, él ha sido el más hábil futbolista que ha pisado una Cancha de fútbol. Garrincha manejaba el balón con los pies como si fuera con las manos. Para marcarlo se necesitaban cuatro jugadores; aún así se escapaba con el balón; lástima que el dañino alcohol no nos lo dejó disfrutar por mucho tiempo. A Garrincha le faltó la disciplina de Pelé. Argentina tenía otro de los grandes jugadores de la historia del balompié: Alfredo Di Stefano: La saeta rubia. Era tanta la supremacía de Brasil y Argentina, que en las eliminaciones para el Mundial, le hacían hasta 12 goles a los equipos de América Latina. Pero, desde que pasaron el Mundial de 1978, por la televisión, vía Satélite, comenzaron los países a copiar la técnica, tanto a nivel de equipo como individual. Y hoy se juega un fútbol bastante parejo, a nivel técnico, no sólo en América, sino a nivel mundial. Después de ese histórico Mundial, 1978, me llamó la atención el ver a los niños de América jugando en las calles y parques públicos, imitando la técnica del fabuloso Rey Pelé. Y estando en Barranquilla, pensé: Dentro de poco tiempo Colombia ganará y perderá con Brasil y Argentina. Cuando se lo pregunté a Marco Coll, futbolista colombiano, que se hiciera un ídolo de su país por haberle hecho un gol olímpico al equipo de la Unión Soviética, que a la sazón tenía al que se considera el mejor portero de todos los tiempos Leb Yaltsin: La Araña Negra; y que sirviera para que Colombia, después de ir perdiendo 4 goles x 1, le empatara 4X4. Y para que los colombianos digan después de ese histórico gol: que las siglas que tiene la camiseta de los soviéticos: CCCP, quiere decir: Con Colombia Casi Perdemos, me contestó que él no lo dudaba; ya que: cuando nosotros salimos por primera vez a jugar fuera del país y vimos jugar al Brasil de Pelé y Garrincha: pensamos: lo que nosotros jugamos en Colombia no es fútbol. Ahora los muchachos no tienen que salir para ver lo que es un buen fútbol: lo ven a través de la televisión. Por ello, estoy de acuerdo contigo: Colombia, muy pronto, lo jugará como Argentina y Brasil. El tiempo nos dio la razón: El las eliminaciones del Mundial de 1990, Colombia le ganó a Argentina en el estadio de La Bombonera: 5 goles X 1. Y ello, gracia a la magia de la súper maravillosa televisión. ¡Thank you so moch: Mr. John Logie Baird!

Recuerdo que viajando por las selvas amazónicas del Brasil, quise llegar donde una tribu nómada. Pues, quería saber cual era la opinión de ellos sobre la civilización de hoy día. Cuando llegué a una tribu, comencé a dialogar con el Cacique, usando al guía de interprete: ¿Sabe que en la civilización tenemos un aparato llamado Televisor, el cual tiene una pantalla en la que podemos ver a las personas hablando, cantando y bailando, por muy lejos que estén? El cacique, mientras reía a carcajadas, me dijo que yo tenía una gran ocurrencia; que yo era muy cómico. Yo le seguí insistiendo que lo del televisor no era un chiste; que ello era cierto. Que si en la Muralla China; que está a 12 mil millas de nosotros, un camarógrafo de la televisión enfoca un ballet chino cuando están bailando, nosotros podemos verlo aquí, en un televisor. El Cacique pensó que me estaba burlando de él; y se puso tan molesto, que tuvimos que salir de allí, lo más rápido que nos permitía la vegetación. Lo que me gritaba, con estridente voz, el cacique no puedo escribirlo con mi pluma por respeto a mi madre; la cual me recordó el cacique. Un mes después me le aparecí con un televisor portátil. Cuando el Cacique lo vio funcionar, me comenzó hacer reverencias, mientras me decía: Tú ser el brujo más grande que ha conocido mi tribu. ¡Bienvenido! Si tu quedar con nuestra tribu yo darte doce doncellas para que sean tus esclavas. Él no concebía que las imágenes pueden ser lanzadas al espacio; que pueden ser bajadas, a través de una antena, para ser reflejadas en una pantalla. La opinión del cacique, es la misma que tenían millones de terrícolas en el año 1926; cuando la prensa informaba que el británico: Mr. John Baird había inventado un aparato: el monitor, que podía reflejar una imagen en su pantalla. Que seria explotado a nivel comercial dentro de poco tiempo. ¿Qué tal si le hubiese dicho al cacique que el hombre ya caminó sobre la superficie de la luna y que el mundo pudo verlo a través de la televisión? Sir John Baird: Thank you so much, por su invento: ¡La maravillosa televisión!

Después de todo, yo soy un hombre con suerte —me decía yo mismo-. No sólo porque fui encontrado después de llevar 46 años enterrado debajo de la nieve por unos esquimales, que tienen la técnica para descongelar a un humano cuando ha sido sepultado por una avalancha, sino también porque había escogido el día perfecto para venir a la cafetería del Versalles. Hoy se ha hablado de cosas muy importante para mí; ya que, me estoy enterando de cosas que en mi tiempo no existían; que surgieron cuando yo me hallaba sepultado bajo la nieve. Eso de que el hombre ya llegó a la Luna es bien asombroso; también, que el mundo lo vio por la televisión. La misma televisión es algo súper maravilloso. Si me hubiesen preguntado que desde cuando existe, tuviese que haberle dicho que desde 1945, yo vivía en el polo norte. Pero, como he pensado, la noche de hoy ha sido fructífera. ¿Habrá televisión en Cuba: sobre todo, en mi amada Esmeralda?

—!Miren quien ha llegado: el puertorriqueño! -Exclamó un contertulio-. ¿Boricua, que cuento nos traes para hoy?

—Les traje uno para ahora, y otro para después que me paguen el café. Hoy estoy en especial: vengo bien barato.

—Para mi, que a este boricua lo votaron de Puerto Rico —dijo uno del grupo-. Bendito, nene, brega con eso; que yo te pagaré el café.

—Siempre cae un cubano Gil —dijo el boricua—. Ahora, les pediré algo bien difícil para los cubanos: que se callen. Pues les contaré un cuento bien puertorriqueño.

Para que lo comprendan todos, les diré que en Puerto Rico, cuando llamamos a una persona, para que venga hacía nosotros le decimos: vente. !Vente nene! ¡Hijo; vente!

En un pueblo del interior de la isla había un comerciante que tenía un hijo retardado mental; que tenía 30 años de edad y no se había casado. Para que no hubiese malos comentarios sobre su hijo, el padre decidió casarlo con una muchacha del pueblo. Y, después de casarse en la iglesia, y de haberse terminado el himeneo en la casa, el joven le dijo a su padre: Papá, no se que hacer; yo nunca he estado con una mujer: ¿Qué hago, papá?

—Hijo mío; no todos los hijos tienen la suerte de tener un padre como yo. Previniendo lo que acabas de decirme, te he puesto bajo la almohada un pequeño receptor para que te lo pongas en el oído; que yo estaré en el cuarto de al lado diciéndote por un micrófono, todo lo que tienes que hacer. Yo los veré por un monitor, que reflejará la imagen, que la cámara instalada en tu cuarto, captará. Después de llegar al cuarto y ponerse el receptor en el oído, el padre, desde el cuarto de al lado, le decía: Quítale toda la ropa. Así hijo. Ahora bésala en la boca. Así se hace: Recuerdas que tú eres un Rivera cien x ciento. Ahora introdúcele esa cosa que se te quiere partir por donde ella hace pipí.

Después de haber cumplido al pie de la letra todo lo que su padre le había dicho, cuando estaba en el punto máximo, el padre, muy emocionado, le decía: Así,

hijo; demuéstrale que eres un Rivera de pura sangre…
¡Así, mi hijo; vente, vente, vente! El hijo paró de hacer
el amor, se bajo de la cama y comenzó a vestirse. La
muchacha, muy extrañada, le preguntó: ¿Mi amor: qué
ha pasado?

—Que yo me voy; porque mi papá me está
llamando.

—!Que bueno está ese cuento boricua! Hoy si que te
has ganado el café. Vamos para la cafetería; que yo te
invito.

—Todos los artículos que han salido en la Prensa de
hoy y que ustedes han leído están muy buenos -dijo uno
de los reunidos-; pero a mi, el que más me ha gustado, es
este que tengo en mis manos; el cual me enviaron a mi
correo electrónico. El artículo habla sobre la declaración
hecha, en la Cumbre de las Américas por el presidente
de Costa Rica: Óscar Arias. En esta declaración Oscar
Arias le dice a los presidentes reunidos; sobre todo, a
los que se la pasan diciendo que la culpa de la pobreza
de su país la tienen los Estados Unidos, quienes son los
verdaderos culpables. Se los voy a leer sin que tengan
que pagarme el café. Ya que esta declaración le dice
indirectamente, al que desgobierna en Cuba, y a sus
seguidores, que todos son unos farsantes; Puesto que su
único propósito es convertirse en dictadores vitalicios,
para destruir a sus países. Y ello nos da la razón a los
asilados cubanos; por ello, se lo leeré de gratis; pues,
mi recompensa será: la honda satisfacción que sentirá
mi cubano corazón, al leerlo: Escuchen con mucha
atención:

Don Manuel

Tengo la impresión de que cada vez que los países latinoamericanos se reúnen con el presidente de los Estados Unidos de América, es para pedirle cosas o para reclamarle cosas. Casi siempre, es para culpar a los Estados Unidos de nuestros males pasados, presentes y futuros. No creo que eso sea del todo justo. No podemos olvidar que América Latina tuvo universidades antes de que Estados Unidos creara Harvard y William & Mary, que son las primeras universidades de ese país. No podemos olvidar que en este continente, como en el mundo entero, por lo menos hasta 1750 todos los americanos eran más o menos iguales: todos eran pobres. Cuando aparece la Revolución Industrial en Inglaterra otros países se montan en ese vagón: Alemania, Francia, Estados Unidos, Canadá, Australia, Nueva Zelanda, y así la Revolución Industrial pasó por América Latina como un cometa… y no nos dimos cuenta. Ciertamente perdimos la oportunidad. También hay una diferencia muy grande. Leyendo la historia de América Latina, comparada con la historia de Estados Unidos, uno comprende que Latinoamérica no tuvo un John Winthrop español, ni portugués, que viniera con la Biblia en su mano dispuesto a construir "una Ciudad sobre una Colina", una ciudad que brillara, como fue la pretensión de los peregrinos que llegaron a Estados Unidos. Hace 50 años, México era más rico que Portugal. En 1950, un país como Brasil tenía un ingreso per cápita más elevado que el de Corea del Sur. Hace 60 años, Honduras tenía más riqueza per cápita que Singapur, y hoy Singapur –en cuestión de 35 ó 40 años– es un país con $40.000 de ingreso anual por habitante. Bueno algo hicimos mal los latinoamericanos. ¿Qué hicimos mal? No puedo enumerar todas las cosas que hemos hecho mal. Para comenzar, tenemos una escolaridad de 7 años. Esa es la escolaridad promedio de América Latina y no es el caso de la mayoría de los países asiáticos. Ciertamente no es el caso de países como Estados Unidos y Canadá, con la mejor educación del mundo, similar a la de los europeos. De cada 10 estudiantes que ingresan a la secundaria en América Latina, en algunos países solo uno termina la secundaria. Hay países que tienen una mortalidad infantil de 50 niños por *cada mil, cuando el promedio en los países asiáticos más avanzados es de 8, 9 ó 10. Nosotros tenemos países donde la carga tributaria es del 12% del producto interno bruto y no es responsabilidad de nadie, excepto la nuestra, que no le cobremos dinero a la gente más rica de nuestros países. Nadie tiene la culpa de eso, excepto nosotros mismos. En 1950 cada ciudadano norteamericano era cuatro veces más rico que un ciudadano latinoamericano. Hoy en día un norteamericano es 10, 15 ó 20 veces más rico que un latinoamericano. Eso no es culpa de Estados Unidos, es culpa nuestra. En mi intervención de esta mañana, me referí a un hecho que para mí es grotesco, y que lo único que demuestra es que el sistema de valores del siglo XX, que parece ser el que estamos poniendo en práctica también en el siglo XXI, es un sistema de valores equivocado. Porque no puede ser que el mundo rico dedique 100.000 millones de dólares para aliviar la pobreza del 80% de la población del mundo —en un planeta que tiene 2.500 millones de seres humanos con un ingreso de $2 por día— y que gaste ($1.300.000.000.000) 13 veces más en armas y soldados. Como lo dije esta mañana, no puede ser que América Latina se gaste $50.000 millones en armas y soldados. Yo me pregunto: ¿quién es el enemigo nuestro? El enemigo nuestro, presidente Correa, de esa desigualdad que usted apunta con mucha razón, es la falta de educación; es el analfabetismo; es que no gastamos en la salud de nuestro pueblo; es que no creamos la infraestructura necesaria, los caminos, las carreteras, los puertos, y aeropuertos; que no estamos dedicando los recursos necesarios para detener la degradación del medio ambiente; es la desigualdad que tenemos, que realmente nos avergüenza; es producto, entre muchas cosas, por supuesto, de que no estamos educando a nuestros hijos y a nuestras hijas. Uno va a una universidad latinoamericana y todavía parece que estamos en los años sesenta, setenta u ochenta. Parece que se nos olvidó que el 9 de noviembre de 1989 pasó algo muy importante, al caer el Muro de Berlín, y que el mundo cambió. Tenemos que aceptar que este es un mundo distinto, y en eso francamente pienso que todos los académicos, que toda la gente de pensamiento, que todos los* *economistas, que todos los historiadores, casi que coinciden en que el siglo XXI es el siglo de los asiáticos no de los latinoamericanos. Y yo, lamentablemente, coincido con ellos. Pues, mientras nosotros seguimos discutiendo sobre ideologías, discutiendo sobre todos los "ismos" (¿cuál es el mejor? el capitalismo, el socialismo, el comunismo, liberalismo, neoliberalismo y socialcristianismo) los asiáticos encontraron un "ismo" muy realista para el siglo XXI y el final del siglo XX, que es el pragmatismo. Para solo citar un ejemplo, recordemos que cuando Deng Xiaoping visitó Singapur y Corea del Sur, después de haberse dado cuenta de que sus propios vecinos se estaban enriqueciendo de una manera muy acelerada, regresó a Pekín y dijo a los viejos camaradas maoístas que lo habían acompañado en la Larga Marcha: "Bueno, la verdad, queridos camaradas, es que a mí no me importa si el gato es blanco o negro, lo único que me interesa es que cace ratones". Y si hubiera estado vivo Mao, se hubiera muerto de nuevo cuando dijo que "la verdad es que enriquecerse es glorioso". Y mientras los chinos hacen esto, y desde el 79 a hoy crecen a un 11%, 12% o 13%, y han sacado a 300 millones de habitantes de la pobreza nosotros seguimos discutiendo sobre ideologías que tuvimos que haber enterrado hace mucho tiempo atrás. La buena noticia es que esto lo logró Deng Xioping cuando tenía 74 años. Viendo alrededor, queridos Presidentes, no veo a nadie que esté cerca de los 74 años. Por eso sólo les pido que no esperemos a cumplirlos para hacer los cambios que tenemos que hacer. Muchas gracias.*

—!Oye; que bueno está ese articulo! En él Óscar Arias le dice a los presidentes Latinoamericanos que ellos son los culpables del desastre económico en que han llevado a sus países; sobre todo, a ese grupito que, haciéndose llamar: izquierdistas, han hecho creer a su pueblo que los culpables del atraso en que han llevado a su país la tienen los Estados Unidos. Me imagino la cara de disgusto que habrán puesto cuando Arias exponía su documento. Pues, con esa declaración, les estaba diciendo que todos son unos embusteros. América Latina está necesitando muchos presidentes con la vergüenza de Óscar Arias.

—Hay algo en el comportamiento de esos gobernantes, que suelen llamarse izquierdistas, como el de Venezuela, que me preocupa: "Que si la retahíla de falsedades que suelen decir de los Estados Unidos es con el propósito de declararse dictador vitalicio -como hacía Simón Bolívar con los países que Antonio Sucre libertaba-, o la dicen porque ellos realmente creen que es cierto"-decía uno de los reunidos-. Puesto que si realmente ellos creen que los Estados Unidos es el culpable del atraso y la destrucción en que han llevado a sus países, es porque están locos, o han sido hipnotizados por los ideólogos comunistas. Y los han convertidos en un robot de su anacrónica filosofía. Nadie que esté en sus cabales puede decir semejante falacia; ya que ha sido completamente al revés: los países que han progresado, como fue el caso del Chile, es porque se han asociado con los Estados Unidos. Pues, como dice el viejo y sabio refrán: «Quien a buen árbol se arrima, buena sombra le cobija.»

—Esos sujetos no están locos; ellos se hacen los locos para cometer las barbaries más inconcebibles de la época: todos son unos malhechores. Eso que dice Oscar Arias, en su declaración: -Que América Latina se gasta $50.000 millones en armas y soldados-, es una indirecta, bien directa, al farsante más grande de los gobernantes de América: Hugo Chávez. Este autócrata le está entregando América a la autocracia oriental. Ha comprado $30,000 millones de dólares en armas con la perversa pretensión de entregarle América a los autócratas rusos. Y ello no es la acción de un demente, sino la del más maligno déspota de las Américas. Pues, todo el mandatario que diga: que los Estados Unidos es el culpable del fracaso de su país, y que ellos lo salvarán implantando el sistema izquierdista oriental es porque tiene alma de dictador vitalicio. Ya que se ha comprobado, a través de la historia del mundo, que el comunismo sólo origina miseria, esclavitud, muertes, y estimula la destrucción física y moral de los pueblos.

—Mi opinión es que ellos han sido constatados por los ideólogos del Comunismo Internacional, con la perversa intención de aplicar el Gobierno Universal del Proletariado que proclamaba José Stalin.

—En ese alevoso sancocho, que los izquierdistas están cocinando, hay tres elementos que son los principales: La Guerra Santa: La Santa Alianza y el Gobierno Mundial del Proletariado, que proclaman los comunistas. Esos sujetos se han unido con un sólo propósito: tratar de destruir a los Estados Unidos de América. Ello quiere decir: que los que proclaman implantar un gobierno izquierdista en las Américas son unos ingratos; ya que, los Estados Unidos fueron los que sacaron de la pobreza a las Américas y la llevaron a un nivel competitivo por encima de muchos países del viejo mundo. Es por ello que, al ser Cuba el país mas desarrollado de América Latina, antes que llegara la revolución del protervo y senil comandante, los cocineros del perverso sancocho planearon comenzar sus conquistas por Cuba; para, al tiempo que trataban de destruir a los Estados Unidos regar su revolución por todo el continente americano. Su perverso plan se vio interrumpido cuando se desplomó el comunismo en el viejo continente; pero el comandante hizo que los comunistas más perversos, cual si fuesen el Ave Fenix, resurgieran de los escombros de su fracasada ideología y continuaran con su anacrónica idea de convertir a las Américas en el primer territorio de los exterminadores de la libertad; de los crueles destructores del progreso y de los salvajes aniquiladores de la felicidad de los pueblos. Ya que, un pueblo esclavo jamás podrá ser feliz. La Cuba de hoy es un vivo ejemplo de ello; pues, el moribundo comandante la ha convertido en el santuario universal de la muerte, de la miseria, de la infelicidad, del odio… y de la perniciosa y destructiva tristeza.

En esa cafetería, estaba recibiendo los conocimientos necesarios para saber muchas cosas que por haber estado 46 años debajo de la nieve desconocía . Para conocer el padecimiento de los pueblos, hay que convivir con ellos. Por ese grupo me enteré de lo que había pasado en los Estados Unidos, América Latina y en Cuba. Comprendí que los cubanos teníamos que, no sólo luchar por la libertad de la patria sino también por recuperar nuestra cultura. El comandante había destruido, física y moralmente a la Cuba de mis padres; la de Carlos Manuel de Céspedes; la de Ignacio Agramonte, y José Martí. Fue por ello que pedí la palabra; pensé que había llegado el momento apropiado para contarles mi insólita, inverosímil, e inaudita historia.

Comencé por decirles que les iba contar una historia que, aunque les luzca fantástica, era verídica: Mi padre me contó antes de morirse que su padre, mi abuelo, había vivido por más de 80 años con un rostro completamente joven, por haber estado 46 años enterrado bajo la nieve: congelado. Y que los esquimales lo habían revivido.

Cuando terminé de contar mi historia; simulando que le había pasado a mi abuelo, los de la tertulia al aire libre frente al Versalles comenzaron a mirarme como si fuera un lunático... un ente que había perdido el norte.

—¡Ñooo; como ha puesto el comandante a este sujeto! ¿De donde salió el eléctrico este tú? Nicanor, averigua de donde sacaron a este demente. —Comentaban entre ellos mientras yo simulaba que no los escuchaba.

—!Ahora si que se compuso la Calle Ocho, tú! Como quien dice: éramos muchos y abuela parió trillizos.

—Tremendo tabaco de marihuana se ha sonado este sujeto. !Ñoo; eso si es nota, monina! Estos son los sujetos que en uno de sus arrebatos se montan en un bote y se largan para Cuba a terminar con el comandante!

—No sean gil, consortes; no se dejen engañar por estos rufianes. ¿No se dan cuenta que este tipo es un agente del comandante; que ha sido enviado al Versalles por los esbirros de la Seguridad del Estado para que investigue lo que está haciendo el exilio para derrotarlo? ¡Yo nunca me equivoco; hay que tener mucho cuidado con este sujeto.

—Comentaban los profetas de la Calle Ocho. ¡Quien duerme con esos truenos! -Pensé. Mi única opción es irme de aquí lo más rápido posible. Este lugar es un nido de paranoico. Es posible ello fue planeado por la gente del comandante. ¡Que elemento tan ruin le ha caído a Cuba!

A los seis meses de estar en Miami, me di cuenta que mi círculo se estaba cerrando; que era un indocumentado, no sólo sin papeles, sino que también sin nacionalidad. Si decía que era cubano me tomarían las huellas y se darían cuenta que era un desertor. ¿Qué haré? Fue la primera pregunta que llegó a mi mente. Ya sé; tiraré mi penúltimo cartucho en la Fundación Nacional Cubano Americana. Una vez allí, pensé, en vez de contarle lo que me había pasado a sus directivos, les diré que yo conozco a un cubano que vivió una historia sensacional. Que era muy importante, para la causa cubana, que ustedes lo conocieran; para que él se la contara personalmente. Pues se trataba de las barbaries cometidas por los comunistas, desde José Stalin hasta el comandante. Después de más de sepetecientas mil llamadas, me preguntaron: ¿Cual es el contenido de su tal historia? Después de yo decirles el contenido, una voz atiborrada de histerismo me sonó un grito: ¡Señor esto no es un Hospital Psiquiátrico; esta es la Fundación Cubana Americana! Y colgó el teléfono. En ese momento mi mente fue invadida por las palabras que dijo el comandante ruso cuando dimos con el Botín que se llevaban los alemanes: ¿Sabes en lo que terminan los patriotas que son pobres? Después de dedicar su existencia a los sufrimientos y a las decepciones que nos produce el defender a la amada patria terminan en una fría estatua de un parque público, llena de excrementos de pájaros, orine de perros, y con una placa cuya leyenda le reconoce en muerte lo que le negaron en vida. Y para que los políticos, y guerrilleros lo tomen como punto de referencia para sus campañas. ¡Escuchaste eso Ignacio Agramonte! —Volví a pensar, con más fuerza moral pero con más desengaños acumulados.

Con el círculo reducido a casi cero, mi mente comenzó a escudriñar en su archivo… tratando de encontrar otra solución. Cuando más ensimismado me hallaba, buscando una salida a mi insólita situación escuché por una emisora de radio: Radio Mambí, cuando el moderador decía que abriría los micrófonos para que los oyentes participaran, a través del teléfono. Puso como tema: que los asilados cubanos nos hiciéramos una autocrítica. En ese momento se me encendió la bombilla, se me iluminó el cerebro con una nueva idea: Si le decía que nosotros teníamos que ser agradecidos, con los que nos ayudaron a liberarnos de la Corona española; que cuando tuvimos que salir huyendo de la opresiva dictadura del comandante nos recibieron con los brazos abiertos, yo podía hacer amistad con ellos, para después contarles lo que me había pasado… y quien realmente era yo. Había notado algo que me llenada de inquietud: que muchos cubanos eran antiamericanos. Y ello me preocupaba. Pues, sólo un ignorante de la historia cubana o un infiltrado puede ser antiamericano.

Pues, por agradecimiento, yo me uní a los Aliados para combatir en la Segunda Guerra Mundial en defensa de la Bandera que hizo que la nuestra se izara el 20 de Mayo de 1902, en un mástil libre de la tiránica opresión que mantenía en Cuba la Corona española. Era el 22 de Febrero; el día en que se honra a los presidentes que pasaron por la Casa Blanca; tenían de invitado a un cubano conocedor de la historia de los Estados Unidos. Este hizo una biografía cronológica de los presidentes que han pasado por Washington. Y cuando llegó a MacKinley, dijo: William MacKinley, y sus sucesores son bien conocidos por nuestros oyentes. En ese momento se me subió la adrenalina y disparé un grito tan alto que se oyó en todo Miami y sus alrededores: ¡Coñooo! –Y, después de haberme conectado con Radio Mambí por teléfono, dije: Su cronología tuvo un doloroso error: Cuando llegaron al presidente Williams MacKInley, la dieron por terminada. ¿Y que de Theodore (Teddy) Roosevelt? ¿Es que no le pueden dedicar unos minutos a quien, siendo vicepresidente de Estados Unidos, fue a pelear por la libertad de Cuba? ¿Yo me alisté con los Aliados para pelear por la libertad de esta gran Nación reciprocando ese generoso gesto y ustedes no le pueden dedicar unos minutos? ¿Es que no agradecen a quienes nos ayudaron liberar a nuestra patria de quienes la maltrataban? ¡Ustedes son unos Ingratos! Eso es lo que son: unos ingratos. Para que fue eso, la voz del director, al estar impulsada por 50 mil watts de potencia, hizo que se escuchara en toda la Florida, en Cuba, y en todo el Caribe, diciendo: ¡Estas equivocado!... Y cortó la llamada. ¿Estoy equivocado; no están ustedes repitiendo lo mismo que el comandante acostumbra repetir: *Que los Estados Unidos intervinieron en Cuba cuando los mambises tenían ganada la guerra;* sabiendo que ello no es cierto? La honrosa gesta de los mambises es un hecho indiscutible. Hombres como Carlos Manuel de Céspedes; Ignacio Agramonte; Máximo Gómez; Antonio Maceo; Calixto García y José Martí, nunca podrán ser olvidado; pero en el 1898, sólo existían Calixto García y Máximo Gómez. ¿No es por esa fantasía que nos produce el amor a la patria: *Querer ser superior al Ejército Nazis,* que algunos cubanos no han querido reconocer la realidad de la intervención norteamericana en la liberación de Cuba? ¿Qué se hayan dejado llevar por las ultrajantes diatribas del comandante contra los Estados Unidos? ¿Si España tenía 278, 447 soldados (a la sazón en Cuba habían 1, 572, 797 habitantes), la mayoría de ellos eran españoles y españolistas. Sólo quedaban dos mil soldados mambises, se hallaban en Oriente y estaban descalzo, mal vestidos y peor armados: ¿Podían derrotar al súper armado y bien organizado ejército español? El hecho de que los cubanos no fuimos los que destronamos la corona española no nos convierte ni en más cobardes ni en menos valientes. Los países son grandes por el nivel de inteligencia de sus hijos; no por el nivel de valentía de sus habitantes. ¿Acaso las tribus africanas no están compuestas por negros con un altísimo nivel de valentía, y se matan entre ellos sólo por no permitir que tomen agua de sus pozos? ¿No fue ideada la Enmienda Platt para protegernos de una invasión de los países que habían firmado la Santa Alianza, y de los que se habían convertido en invasores? ¿Por qué los españoles que se quedaron en Cuba, y los que llegaron después del 1898, fueron los que con más ahínco trataron de eliminar la Enmienda Platt? ¿No fueron éstos los que comenzaron a trillarle el camino al anticubano y destructivo comandante?

Mi plan de desacreditar al comandante, haciendo saber que Don Manuel no era comunista, para después de su derrota irme para mi patria, habían fracasado. No sólo por lo insólito de mi historia sino por lo paranoico que estaba el exilio. Ello es bien comprensible; pues, era parte de la estrategia del comandante, para mantenerse en el poder por todo el tiempo posible.

Con el círculo casi cerrado en Miami, y con la copa del amor patrio rebosada de desengaños, no me quedaba otra alternativa que hacer como el elefante: irme a morir a mi lugar de origen: Me fui para mi Camagüey, Cuba; en una balsa de neumático de tractor, preparada en Hialeah. Mas equipada por supuesto que las que preparan en Cuba; pero con menos ilusiones de un futuro maravilloso; pues, sabía que navegaba hacía un pasado incrustado en el presente; un pasado que quizás no me conocía; pero que yo no podía olvidar; en él estaba mis hijos; mis raices; ¿estarán vivos; me conocerán? Me preguntaba, mientras navegaba por la soledad del mar; por el mar más famoso del planeta: por el mar que el navegante Cristóbal Colón descubriera América: el inquieto mar Caribe. Por un mar que hoy se haya escaso de barcos; pero lleno de historia. El silencio del mar es más espeso y largo que el del monte. En el monte el silencio es interrumpido por el cantar de los pájaros; el chillido de los animales y el crujir de los árboles cuando son azotados por el viento. El mar es tan callado como tan orgulloso; con su silencio, él manifiesta su orgullo; su enorme grandeza. La soledad que nos rodea, cuando estamos en alta mar, nos hace meditar; recordar el pasado para hacer un balance de lo que hemos vivido; cuanto hemos avanzado; si ha valido la pena llegar donde hemos llegado: ¡Si hemos llegado! Sobre todo, nos hace alucinar. En mis locas alucinaciones veía navegar: desde las carabelas de Cristóbal Colón y los galeones de los corsarios hasta los grandes transatlánticos españoles. El Marqués de Comillas, era el transatlántico español que más llamaba mi atención: en él llegó padre a Cuba, en el 1906. Al verlo navegar en el horizonte, llegó a mi mente una pregunta: ¿Sería mi padre uno de los tantos españoles que las Coronas enviaron a las Américas para reconquistar los territorios perdidos? ¿Irá en ese barco el padre del comandante? ¡De pronto; en el horizonte se me hizo de verdad un barco! Navegaba en dirección opuesta a la mía: Yo navegaba de norte a sur y el barco lo hacía de sur a norte. ¿Será del comandante? Ello fue lo primero que pensé; pero, cuando el barco se hallaba cerca de mi balsa, me di cuenta que eran haitianos. Estos, cuando llegaron junto a mí, me invitaron subir a su barco: Gracias, amigos; pero yo llevo rumbo hacía Cuba.

—Já, ja… sabemos que tu piensas somos guardacostas del comandante. No amigo; nosotros somos haitianos, y llevamos rumbo hacía los Estados Unidos de Norteamérica; vamos a pedir asilo político.

—¿No suelen decir ustedes que en los Estados Unidos no quieren a los negros; que los maltratan; por qué no se van para Cuba?

—Porque el comandante que se apoderó de Cuba, no quiere a los haitianos; cuando nosotros llegamos a Cuba, después que nos dan un intensivo adoctrinamiento contra los norteamericanos nos devuelven para Haití. Ningún país de América nos quiere. Los norteamericanos son los únicos que nos reciben.

—¿Cómo puede ser posible? —Pregunté a los haitianos, más por asombro que por curiosidad.

—Porque: C'est la vi monsieur. Ahora suba a nuestro barco; venga con nosotros para el norte, amigo; porque para donde usted va, el mar está demasiado revuelto.

—Gracias amigos; pero yo sigo hacía al sur. Pues, C'est la vi messieurs.

—Pensamos que el sol te ha vuelto loco —me dijeron.

—Ello es muy posible; también, que haya sido la nieve

-respondí… mientras reía a mandíbula batiente.

—!Pobre hombre! —Fue lo último que escuché de ellos.

Al seguir navegando y encontrarme de nuevo con la fría soledad del mar llegó a mi mente esta pregunta: ¿Por qué los afro-haitianos son tan distintos a los afro-americanos? Y vino a mi mente Carlos Quinto: -el sabio-. Rey de Francia 1364-1380. El políglota rey hablaba con fluidez el francés, alemán, italiano, inglés, y el español. Cuando dijo: «A los idiomas le suelo dar el uso debido: El italiano lo uso para la diplomacia. El francés, para las damas. El alemán, para los soldados. El inglés, para los caballos. El español sólo lo uso para hablar con Dios.» Y, entonces, me di cuenta que era el idioma lo que marcaba la diferencia entre los negros haitianos y los negros americanos. Seguí navegando. Para mantener el rumbo hacía la costa norte de Camagüey, me iba guiando por una brújula. Al verme rodeado de agua… y sin un punto de referencia que indicara la ruta que debía tomar, me di cuenta que para todo en la vida necesitamos una guía: sobre todo; la espiritual. La cruz representa nuestra guía espiritual; en ella está el mensaje de la absoluta libertad del espíritu. Del amor supremo, del amor que da vida… que no tiene el hábito anheloso de la eternidad: está Dios. Al mirar la cruz, y después la brújula, pensé: Tú, brújula, me guías por los rumbos de estos mares, pero aquél que está en los Cielos, me guía por los de la vida. Que, quizás lo dudes: son requetemucho más difícil de navegar. Pues, por aquéllos rumbos hasta las más delicadas flores tienen espinas. Cuando no se veía, por el horizonte del norte, el barco de los haitianos, se apareció por el del sur una rústica balsa con siete navegantes… dos eran niños; dos mujeres y tres hombres.

—!Oiga amigo! ¿Hacía donde va? —Me preguntaron.

—Pues no se si a la gloria o al infierno; voy hacía el sur.

—Hacía donde tú vas está el infierno. Y nosotros vamos para donde, dizque, está la gloria: vamos para el norte.

Después de haber apareado las balsas comenzamos con las identificaciones; todos éramos camagüeyanos y, por coincidencia o por capricho del destino, también éramos de Esmeralda. Por ellos pude enterarme, que familiares míos pasaron años en prisión por tratar, al igual que otros, de encontrar la deseada libertad. Que muchos de ellos fueron fusilados en el momento de ser capturados. Y también, que vecinos y amigos después les dieron la espalda. El suplicio de la cruz señora, no es para un criminal sino para sembrar el horror en los demás y que sirva de escarmiento. -Explicó Lucio Aureliano. El restaurador del imperio Romano.

—Oiga, paisano; usted tiene el mismo nombre y apellido de nuestro héroe Nacional: Manuel López: Don Manuel. ¿Es usted familia de él?

—Yo soy sobrino de Don Manuel; y quien más lo quiso.

—¿Y por qué regresa en una balsa y no en un avión?

—Porque yo, como buen cubano, quise saber en carne propia las vicisitudes que suelen pasar y los riesgos que corren los balseros que tratan de alcanzar la tan deseada libertad. Y, aunque mi balsa está bien equipada, creo que es preferible jugarse la vida en la ruleta rusa que querer atravesar el estrecho de la Florida en una balsa. Sobre todo, por este violentísimo mar Caribe.

—Y eso que lo haces en una balsa bien equipada; que hasta tiene un motor fuera borda; además, que viaja solo. Imaginas nosotros, que somos siete, con dos niños y dos mujeres, y a puro remo.

—¿Por qué no viajan como los haitianos: en barcos bien equipados; con agua y comida suficiente para la travesía?

—¡Como comparar el caso de los haitianos con el de los cubanos. Nosotros tenemos que ocultarnos para salir de Cuba; ya que si nos ven nos matan. Y ellos preparan los barcos en los astilleros, hasta lo anuncian en la prensa sin que sean molestados.

Después de darle mi balsa; la comida, y parte del agua que tenía, y de haber tomado la balsa de ellos, enfilé proa hacía mi amada Esmeralda.

Al quedarme solo comenzaron a zumbarme en los oídos las palabras que me dijeron mis paisanos: Que Cuba era un infierno; al que sorprendieran tratando de irse lo mataban. Ello hizo que a mi mente llegara la áspera imagen de José Stalin y pensara: ¿Stalin estará vivo? Después me dije: El comandante debe ser una Clonación genética de Stalin.

¿Será cierto que me han declarado un héroe Nacional?

Llegué a las costas norte camagüeyana al atardecer. Un cubano que estaba pescando sobre unas rocas me pidió la balsa para irse de Cuba. Después de habérsela cambiado por un caballo me dirigí hacia Esmeralda; hacía mi amado, querido, y siempre recordado pueblo.

Cuando llegué a Esmeralda, las piernas me temblaban cual si fuesen hojas a merced del céfiro; apenas me podía mantener de pies. Quien no haya vivido esa rara emoción que se siente cuando, después de haber estado ausente por más de 40 años, regresamos al lugar donde hemos nacido, ni siquiera puede imaginar la profunda sensación que se adueña de nuestro ser: !Cincuenta años si verte pueblo de mi alma! Fue lo primero que llegó a mi mente. Esa noche el cielo estaba despejado, y había una bella luna llena; al contemplarla, llegaron a mi mente las estrofas de la sentida canción que, el inmortal compositor colombiano: José A. Morales, dedicara a su amado pueblo natal; a su tranquilo y romántico San Gil: «Pueblito Viejo»

Lunita consentida que cuelga del cielo
como un farolito que puso mi Dios
para que alumbrara las noches calladas
de este pueblo viejo de mi corazón.

Hoy que vuelvo a tus lares trayendo mis cantares y con el alma enferma de tanto padecer quiero pueblito viejo morirme aquí en tu suelo donde la luz del cielo un día me vio nacer.

Sólo aquél ente que no quiere a su madre: no ama el sitio donde nació.

Cuando navegaba por la soledad de alta mar, había planeado decirle a mis hijos, si no los había matado el comandante, o se habían asilado en un país extranjero, que yo era el hijo de Don Manuel: su padre. Que él me había tenido con Karinita Kazakstán, el tiempo que estuve viviendo en Rusia. A las seis de la mañana estaba tocando la puerta de "mi casa"; con un ramo de flores, que había recogido por el camino, en la mano, con la sana intención de entregársela a mi hija mayor: Angelita. Tenía las flores en la mano izquierda y ésta en la espalda ocultándolas. El momento era tan emocionante que las piernas apenas me podían sostener. ¡De pronto se abrió la puerta! Al ver que la mujer que tenía frente a mí se parecía a mi madre, con la voz cortada por la emoción, le dije, al momento que le entregaba el ramo de flores: ¡Buenos días! ¿Eres Angelita, la hija mayor de don Manuel?

—!No toques esas flores! —Gritó un hombre, vestido de militar, al momento que salía del cuarto con una pistola en la mano. ¡Todos al suelo; quieto; si te mueves te mato!

—Ordenó, con el alterado tono que usan los guerrilleros.

—¿Qué es lo que sucede? —Pregunté desde el suelo.

—!Qué entre esas flores hay una bomba para volarnos a todos! ¡Hermana sal del lado de ese terrorista! ... ¡Corre!

—¿Tú eres Alejandro?-Le pregunté con acento familiar.

—¿Qué pasa con Alejandro? —Me preguntó.

—!Que es mi hermano! —Le respondí.

—!Yo no tengo hermanos! —Terció.

78

—!Si lo tienes! Yo soy hijo de Manuel: nuestro padre.

Cuando la dije que era su hermano menor, me siguió preguntando, ya con acento familiar, mas sobre su padre.

Después de contarles la historia que había planeado: decirles que yo era hijo de Karinita y Manuel López, su padre, nos entregamos en un abrazo con los sentimientos rebosados de emoción, y los ojos brotando lágrimas. Ellos lloraban porque recordaban a su padre "muerto"; y yo, que inverosímil, porque era su padre. Fue tanta la emoción del encuentro que superó el que ocupaba el número uno en mi vida: Aquel histórico encuentro con los franceses cuando después que sacamos a los Nazis de Francia, les decíamos que éramos soldados norteamericanos. En nuestro primer diálogo como padre y hermanos, a la vez, me enteré que mi madre murió el 27 de Febrero de 1954; mi padre: el 24 de Junio de 1966; que yo tenía 7 nietos, y que uno era mayor que yo. Para que fuese más inaudito aún, tenía mi nombre y apellido: Manuel López. Era el hijo mayor de mi hija Angelita. Lo que nos diferenciaba era, que a mí me decían además de Manuel, como a él, don Manuel. Pero eso, yo era el único que lo sabia.

Dos días después, al haber analizado las privaciones y las dificultades que pasaba el pueblo de Esmeralda para subsistir; ver las comodidades y la falta de carencia en que mis "hermanos" vivían, le pregunté a mi hijo Alejandro:

—¿A que se debe que, mientras el pueblo carece de lo

más fundamental para la subsistencia ustedes viven con todas las comodidades; sin privaciones ni carencias?

—!A quien va ser, hermano; al héroe Nacional y orgullo de Esmeralda: a Don Manuel! Nuestro padre es el dios de Camagüey; los camagüeyanos ya no solemos sentir orgullo cuando nos hablan del otrora héroe de la patria: Ignacio Agramonte; ahora nos atiborramos de orgullo cuando nos hablan de nuestro héroe Nacional: de nuestro Don Manuel.

Sólo el Señor sabe el supremo esfuerzo que hice para no mandar para la Patagonia a mi hijo Alejandro. Decirle a un camagüeyano que haya vivido en Cuba antes del 1959, que nosotros ya no sentimos orgullo cuando nos hablan de Ignacio Agramonte, es lo mismo que decirle a un católico practicante que él ya no siente orgullo cuando le hablan de Jesucristo. Para los camagüeyanos: Ignacio Agramonte es el máximo símbolo de nuestra Patria. En ese instante mi consciente me decía: que ese había sido el momento más doloroso que había vivido después de mi insólito segundo advenimiento a la vida. Y mi intuición me dictaba: que ese no sería el último; que yo viviría momentos más amargo y triste que este... en la sanguinaria Cuba del comandante.

—Si Don Manuel bajara del cielo hoy—seguía diciendo mi hijo—, los cubanos le besarían los pies. Desde aquél histórico e inolvidable día, que el comandante dijo: que el inmortal Don Manuel le había salvado la vida a los grandes camaradas de los cubanos: José Stalin y Geor Zhukov, los camagüeyanos no han dejado de venir a la plazoleta donde se encuentra su estatua, aunque sea una vez al mes, para venerarlo. Ya verás el domingo la cantidad de regalos que nos traen sus admiradores. Por él, nuestra lacena se haya atiborrada de los mejores productos de la canasta familiar. Por Don Manuel, hermano; en esta casa sobra la comida.

Con esta revelación que hizo mi hijo, me di cuenta que mi estadía en Cuba no sería fácil; estaba lidiando con un hombre que tenía una gran habilidad para convertir una débil mentira en una sólida verdad. Pensé que al saber que Stalin y Zhukov ordenaron que me mataran, para quedarse con el Botín, el comandante ideó decir que yo le había salvado la vida a esos camaradas para, a la vez que se congraciaba con los rusos, encubrir a mis asesinos. Ello me decía que, era muy saludable, si quería mantenerme con vida, que nadie supiese quien en realidad era yo. Sólo el silencio me mantendría con vida: que él sería mi salvador. ¿Dónde está Liliana, mi otra hija? —Le pregunté a mi hijo.

—Liliana se casó y se fue a vivir a Miami —respondía. Toda la ropa que tienen tus sobrinos ella nos las envía. También nos envía dólares para comprar los productos que sólo se venden en las Diplotiendas.

—¿Qué cosa es Diplotiendas?

—Las Diplotiendas son Mercados, que fueron creados por el comandante, para que los diplomáticos extranjeros compren con dólares. Esas tiendas venden de todo; tienen productos americanos que sólo allí los hay. Pero al querer tanto a su pueblo, el comandante ordenó que todo el que tuviese dólares podía comprar en las Diplotiendas.

—¿Quienes son los dueños de las Diplotiendas?

—¡Quienes no, quién! Hay algo que tú debes saber para no cometer errores: en Cuba sólo hay un dueño: nuestro comandante. Él eliminó a los explotadores comerciantes y se hizo dueño de todos los comercios; de las industrias; de los centrales azucareros y de todas las casas. Todo lo que se mueve en Cuba, es de nuestro comandante. Hasta los pájaros que vuelan, y los peces que nadan en aguas territoriales, son de nuestro comandante. El comandante, hermano, es el único Dios en Cuba que está por encima de Don Manuel: nuestro padre. «Hablando del rey de Roma y su Corona asoma». Acaban de llegar tus sobrinos. Yo los envié a que fueran por el barrio y dijesen a los vecinos: que aquí estaba el hijo que tuvo el héroe: Don Manuel, en la tierra donde cosechara sus mejores glorias: en Rusia.

—Papi—decía un sobrino; nosotros dijimos a los vecinos que un hijo de nuestro abuelo: Don Manuel está en nuestra casa. Muchos ya han venido a verlo; están en la plazoleta donde se haya la estatua de nuestro abuelo: Don Manuel.

—¿Qué me han esculpido una estatua a Don Manuel?

—Se nota lo mucho que quisiste a nuestro padre; pues, cuando te fuiste referir a él, te convertiste en el sujeto. Ello se debe a que tu, hermano, tuviste la gran suerte de disfrutarlo en sus mejores años. Tú, ni siquiera te puedes imaginar lo mucho que te envidio. El calor de un padre es muy importante para los hijos; sobre todo para los hijos varones. Pero dejemos la onda negativa y abracemos la positiva: ¡Vamos a la plazoleta para que veas la estatua de fino mármol de Isla de Pinos, que le mandó esculpir nuestro comandante a nuestro padre; al héroe de los cubanos, y al máximo orgullo de los camagüeyanos: al inmortal Don Manuel. Y también, conocerás a sus grandes admiradores; ellos ya nos están esperando.

—Lo menos que imaginó mi hijo era que yo, en verdad, soy el sujeto; no que lo había invertido. La noticia de que el comandante mandó esculpir una estatua con mi figura me sorprendió mucho. Pues, ello en vez de atestarme de orgullo me colmó de preocupación. Ya que, mientras más grande me convierta el comandante más grande será el peligro de ser eliminado para, con ello, que el pueblo no sepa la verdad: Que yo combatí con los Aliados; que no fue con los rusos; que ni salvé a Stalin y a Zhucov, sino que ellos enviaron a dos francotiradores para que me mataran para quedarse con la parte que me correspondía del Botín. Y con el secreto que ellos se lo robaron a los alemanes.

—!Mira; esta es la estatua de nuestro padre! —Me decía Alejandro-. ¿No es verdad que es igualito a él? ¡Fíjate en esa expresión tan viril de nuestro padre! —Continuaba sin esperar respuesta-. El comandante dijo, en el discurso de la inauguración, que con dos soldados como Don Manuel nosotros, en sólo una semana, derrotamos a los yanquis. Antes del comandante hablar, me dijo que yo me parecía a mi padre; no sólo física, sino mentalmente. Que él, Don Manuel, había sido el más destacado militar que tuvo el ejército ruso de los años 1940's. Ese inolvidable día, fue tanta la emoción que sintió mi corazón, lo orgulloso que me sentí de ser su hijo, que lo grabé en un videocasete y después saqué más de doscientas copias para dársela a mis compañeros revolucionarios. Cuando estemos en casa recuérdamelo; que te la mostraré por la televisión. ¡Oye, hermano; tú no te parece a nuestro padre! —Me dijo, al momento de analizar la estatua, y de haberla confrontado conmigo, para hacer una comparación.

La verdad era que ni él ni yo nos parecíamos a la figura que había esculpido el escultor del comandante. La figura que exhibía la estatua más parecía un Gladiador Romano que, lo que realmente yo era: un simple campesino. Ello hizo que el interés por conocer al comandante aumentara a un grado superlativo. Por las cosas que yo había visto y escuchado de él, sabía que se parecía a Stalin. Éste era un egocéntrico; un calculador sin escrúpulos, perverso, y con una incontrolable ambición al poder: «El día que haya un gobernante más popular que yo, en la Unión Soviética, la fuerza de mi poder perdería el cimiento que la sostiene. Un gobernante para mantenerse en el poder debe convertir a los hombres inteligentes en sus vasallos y a los mediocres en su fieles servidores. Hacer creer a los intelectuales que ellos sin mí no son nada. Y a los mediocres: que ellos son los verdaderos baluartes de la Revolución. Para gobernar el mundo se obtienen mejores resultados empleando la violencia y la intimidación. Ello nos da mejores resultados que los babosos discursos académicos. Un jefe de estado que pretenda gobernar con arreglo a las leyes morales no es un político hábil. Por consiguiente, no está seguro en el trono. Aquel que quiera gobernar debe recurrir a la doblez y al engaño. En política las grandes cualidades humanas de honorabilidad y de sinceridad se convierten en vicios que destruirán a un soberano con mucha más seguridad que los que puedan ser sus peores enemigos. ¡Nuestro derecho reside en la fuerza! Manejaremos las masas aprovechando la envidia y el odio, alimentado por las necesidades y la opresión. Y ayudados por ellas nos desembarazaremos de todos aquéllos que se pongan en nuestro camino. Hay que destruir todo lo que sea un obstáculo en nuestro camino. Deshacerse de toda rebelión y suprimir las ideas liberales en las instituciones nuestras. Tenemos que emplear los medios que dispongamos para que la idea de un gobierno Universal del Proletariado adquiera una gran popularidad; presentándolo como el gran protector y remunerador de todos aquellos que se no sometan voluntariamente. Para lograrlo condenaremos a muerte a todos los que acojan nuestro advenimiento con las armas en la mano. —Le solía filosofar a Karina en las noches de vodka. Ello nos muestra su incontrolable ambición del poder universal. Que es lo mismo que piensa el comandante de marras.

—Es cierto; la figura de esta estatua no se parece a mí -Le dije a mi hijo-. ¿Quién fue el escultor de esta estatua?

—Un compañero que envió nuestro comandante, y del cual no recuerdo su nombre; pues, la placa que lo tenía el comandante me la ordenó quitar, después que el escultor se fue para Miami en una balsa. Me envió un mensaje que decía: Compañero Alejandro: por el bien de nuestro héroe: Don Manuel, saque lo más pronto posible la placa que se haya en la base de la estatua; la que identifica al escultor, y olvídese de él para siempre. Sea un buen revolucionario y no menciones su nombre jamás. Después me envió a un compañero para que me contara lo que pasó: El escultor se enamoró de un gusano imperialista y se fue con él para Miami: Era homosexual.

—¿Quien le describió la figura de tu padre al escultor?

—Él estuvo preguntando por todo el vecindario; ya que nosotros no nos acordamos de él. Éramos muy pequeños cuando se fue para Rusia.

—¿Para Rusia? Él siempre me dijo que se había ido para los Estados Unidos, a unirse con los Aliados. Que estuvo en el archifamoso desembarco de Normandía, con el General Eisenhower, y después estuvo en la ocupación de Berlín.

—!Te mintió! No se porqué lo hizo, pero te mintió. Él se fue para Rusia, porque el general, Goerg K. Zhukov, al que nuestro padre le salvó la vida, dos veces: una en la famosa batalla de Kiev y la otra en la batalla decisiva de Berlín, fue quien dijera al comandante que Don Manuel, nuestro padre se había ido en un barco para Rusia, para pelear, junto a sus camaradas soviéticos, por el partido comunista.

—Así es que fue Zhukov quien habló al comandante de Don Manuel; nuestro padre. Yo recuerdo que mi padre me decía: que él le había salvado la vida a Zhúkov, en la toma de Berlín; pero nunca me dijo que él había peleado en la batalla de Kiev.

—Quizás te lo dijo y se te ha olvidado; pues, eso lo dijo nuestro comandante. Y el comandante jamás le miente a su pueblo. ¡Esto siempre debes tenerlo presente!

—Tienes razón, hermano; debe habérseme olvidado; hace mucho tiempo que Don Manuel, nuestro inolvidable padre, murió. —Dije a mi hijo, para cortar la conversación. No quería seguir alegando sobre los méritos que él exponía a favor de Don Manuel; tampoco en las batallas que había participado; pues, para convencerlo, hubiese tenido que decirle que yo era Don Manuel. Y ello hubiese sido peor; ya que, me tomaría como un loco de atar. Además; me había dado cuenta que el comandante había exagerado con la intención de convertirme en el gran héroe de Esmeralda, con la idea de tener en esa zona camagüeyana un mártir del Partido Comunista. Ello haría que los esmeraldenses se sintieran orgullosos de pertenecer al partido comunista y apoyaran al comandante y a su opresiva revolución. Me di cuenta que el comandante era un hombre muy astuto; él sabía que los admiradores de Ignacio Agramonte jamás lo seguirían; pues, Agramonte simpatizaba con el sistema democrático de los Estados Unidos. Y que la mayoría de los esmeraldenses, sobre todo los de la raza negra, eran unos oportunistas. Pues, después de liberarnos de la corona española, como un noble gesto de premiar a los soldados mambises, los Estados Unidos le dieron 35 millones de dólares a Cuba, en agosto de 1902, para que le pagaran a los soldados del Ejército Libertador. Para ello se ordenó hacer una compilación, para saber a cuantos veteranos había que pagarles. En la compilación aparecieron 40 mil. Esta cifra, si la comparamos con los soldados mambises que realmente hubieron, era enorme: Puesto que, cuando la declaración de la Guerra Hispano Americana en el 1898, en Cuba sólo habían 2000 soldados mambises; la mayoría eran orientales. Y de los 40 mil que aparecieron, 12 mil eran de la zona de Esmeralda; la mayoría eran negros y decían que habían peleado junto con Ignacio Agramonte. Cuando lo cierto es que, a la sazón, Agramonte sólo tenía 21 soldados, y con ellos rescató a Manuel Sanguily, en la zona de Esmeralda: en Caunao. Recuerdo que en mi niñez, mi tío le decía a uno de esos veteranos, que se habían inscrito como mambí: ¡Oye en que batalla tu peleaste con Agramonte, si él no tenia negros en su ejército? —Yo era el que le daba agua a su caballo -respondía el "veterano." Ello motivó que los camagüeyanos pensaran que: Ignacio Agramonte debe estar diciendo desde su tumba: ¡Si yo realmente hubiese tenido la mitad de esos soldados, los españoles no me hubiera matado en la emboscada que me hicieron en Jimaguayu. Los hubiera sacado de Cuba mucho antes de ese negro día. Lo que si puede ser cierto es que, dentro de esos que se inscribieron, estén los soplones que me delataron al ejército español, para que me tendieran la emboscada que me costara la vida.

—!Oiga, yo fui muy amigo de su padre -me dijo uno que se hallaba junto a la estatua-. Nosotros jugábamos a la Pelota juntos cuando éramos niños.

La mayoría de los reunidos decían que eran amigos de Don Manuel; que recordaban lo bueno que él era con sus vecinos. Al yo ser Don Manuel, me decía: No existe una fórmula más eficaz, para saber el grado de fariseo que suelen ostentar los comunistas, que resucitar, después de llevar 46 años de haber muerto, siendo un héroe de la patria: Ninguno de los que decían que me conocían, yo los conocía. Y que, lo mismo que hoy le dicen a Don Manuel, mañana se lo dirán al comandante. La hipocresía suele nacer en la cuna y morir en la tumba. Habían muchas mujeres allí que eran presidentas de los CDR: Comité de Defensa de la Revolución; ellas me hicieron recordar a las Lloronas de Funerales. Había una gorda que, desde que llegó entró en un ataque de llanto; ésta gritaba frente a la estatua: ¡Don Manuel; tu eres lo máximo; nuestro héroe; nuestro gran orgullo; eres nuestro salvador! Darse cuenta de que todo era pura hipocresía fue fácil: pues, mientras ellos me gritaban alabanzas, se la pasaban mirándome de soslayo. La plazoleta estaba llena… y todos pedían que le contara las gloriosas hazañas de Don Manuel.

—¿Es verdad que Don Manuel le salvó la vida a los camaradas, Stalin y Zhúkov, en la batalla de Kiev? ¿Qué él fue el héroe de esa sangrienta batalla? ¿Qué en la última y decisiva batalla en la toma de Berlín, él le salvó la vida al general Zhúkov? —Ellos, a la vez que me preguntaban, me daban las respuestas. Al darme cuenta que todo era un libreto bien ensayado, les dije: Ustedes saben más de mi padre que yo. La cara de orgullo que pusieron, cuando les dije que sabían más de Don Manuel que yo, hizo sentirme muy orgulloso de ser un "súper héroe" de mi patria.

Después de mostrarme que eran unos fieles seguidores de la revolución del comandante, y de haberse llenado el estómago con bocadillos, con carne de soya, se marcharon.

Cuando estábamos solos en la casa y después de haber hablado casi todo lo que sabíamos de "nuestro padre", al estar sentado junto a mis hijos, los sentimientos de padre se me unieron con el infinito e incontrolable amor a mi patria. Y, sin poder contenerme, les dije: ¿Qué pensarían ustedes: si yo les dijera que soy su padre?

—Ipso facto llamaríamos a un Psiquiatra para que te ponga una Camisa de Fuerza: ya que estaría loco de atar. —Me respondieron, casi al unísono.

—¿Y si yo se lo mostrara con hechos verídicos?

—¿Como puedes ser mi padre, si tú eres menor que mi hijo? –Me respondió Alejandro; mi hijo.

—¿Hermano; por qué tú nos dices esas cosas; cual es el motivo? ¿Será que es cierto que te has vuelto un orate?

—Yo no los culpo por su reacción; mi inaudita historia luce más una loca fantasía que una cuerda realidad. Sólo les pido que me escuchen; que me dejen contársela. Pues, aunque lo duden, ustedes son mis hijos.

Después de haberle contado a mis hijos, mi inaudita y extravagante historia, mientras su hermana lloraba, mi hijo me decía: ¡Puede que tu historia sea cierta y que seas nuestro padre! Pero, como tu hijo mayor, te ruego que lo calles; que no se lo digas a nadie. ¿Qué pensaría el pueblo de nuestro comandante? ¿Qué es un farsante; que suele fabricar líderes comunistas sólo para tratar de afianzar su revolución? ¿Y de nosotros que hemos vivido, gracia a tu heroísmo, con todas las comodidades; que hemos sido beneficiados por los compañeros del partido comunistas? ¡En una palabra: ello sería nuestra destrucción!

—¿Ustedes piensan más en sus comodidades; qué en el sufrimiento de sus hermanos esmeraldenses; del pueblo?

—!Que nos importa a nosotros el pueblo! A nosotros lo único que nos interesa es bienestar de nuestros hijos, y de nuestra familia… que ellos no pasen necesidades.

—¿No son tus hijos y tu familia, hijos de nuestra patria?

—Para nosotros los revolucionarios, nuestra patria es el comandante. Mire padre: si es que lo es; en la Cuba de hoy aquellos que no halagan a sus superiores no comen carne. Mientras mas los halagas, más abundante comes. Nuestra consigna es ser hipócrita, para vivir bien. Nuestra familia tuvo la suerte de ser descendientes del más grande héroe de la patria que ha dado Esmeralda: Don Manuel. Por ello, nosotros vivimos con las comodidades que la gran mayoría del pueblo carece. Pero si usted llega a decir que no es el héroe que nuestro comandante ha dicho, no sólo se nos acabaría la buena vida, sino que nos enviarían para la cárcel. En la vida hay momentos en que un hombre vale más muerto que vivo. Hoy a usted le llegó ese momento. Así es que, por el bien de sus hijos, de sus nietos, y de su amada patria: es mejor que usted siga muerto.

—En el Teatro del comandante los espectadores tienen que aplaudir, bien fuerte, a los mediocres; gritarles ¡viva! a los malos y abuchear, lo más fuerte posible, a los buenos. Si no lo haces así, te sacan del Teatro y te envían para el paredón o para la inmunda cárcel cubana. La Cuba de hoy padre, es muy distinta a la que usted dejó en los años 40's. –decía mi hija-. ¡Nunca se olvide de eso, padre!

—No cojan lucha por ello; sé como actúan esos actores. Pues, yo se que Stalin me mando a matar, no sólo para quedarse con todo el Botín, sino también porque yo no le aplaudía. Pues, no soy hipócrita; yo no puedo aplaudir a los actores que, con sus demoledoras actuaciones, suelen destruir las obras creadas por respetables dramaturgos. Cuando yo escuché decir a Karina, que Stalin tenía la loca ambición de apoderarse del poder universal, por medio de una dictadura del proletariado, mentalmente lo declaré mi enemigo. Y cuando lo escuché decir que:«Ninguna cabeza puede estar mas alta que la mía; cuando haya una más alta, si no la puedo poner más baja la mando a cercenar», me di cuenta que era un actor que le gustaba interpretar el papel de perverso. También; que le quedaba muy bien a su histrionismo. Hijos, su padre pertenece a una época en que el más grande orgullo de un buen cubano, era ser un patriota. Yo, por amor a mi patria, y agradecimiento con quienes nos habían liberado de la

Manolo Sabino

corona española, me fui a la guerra. Cuando partí sentía un gran orgullo de ser cubano. Hoy, por lo que mis paisanos le han hecho a mi otrora alegre Cuba, regreso con menos orgullo; pero con más amor a mi patria. Como yo soy de los cubanos que pensamos: «Vale más morir de hambre que comer caviar de rodillas», tengo que decirles que no estoy de acuerdo con ustedes: Yo le diré a mi pueblo quien realmente soy; y quien realmente es el comandante: Un loco endemoniado que, con su delirio sistematizado, sueña con adueñarse del poder universal, aunque para ello tenga que borrar del mapa universal a nuestra siempre amada Cuba.

—¡Usted no puede hacerle eso a sus hijos! Nos costaría el paredón o la cárcel. Pues la Cuba de hoy no es la Cuba que usted dejó. Hoy no existen los cubanos patriotas; sólo los oportunistas y los que odian a sus paisanos -suplicaba mi hija-. ¿Si hemos vivido así durante más de 40 años por qué no seguir hasta que todo esto termine? Hágalo por sus hijos, y por sus nietos. Ellos, por ser los nietos de Don Manuel, son el orgullo de Esmeralda. ¿Cómo viviremos sin ese orgullo: el de ser los principales descendientes de Don Manuel? ¿Qué comeremos; dónde viviremos después que nos quiten esta casa? Además; el próximo 27 de Julio es tu cumpleaños. Y en ese memorable día viene el comandante, todos los años, para rendirte honores junto con el pueblo de Esmeralda. Él siempre nos habla belleza de ti; de tus hazañas; de la gallardía de Don Manuel. Es por ello que tus hijos te ruegan que sigas pasando como nuestro hermano: el hijo que Don

Manuel tuvo en la tierra donde cosechó sus mejores y más grandes triunfos.

Cuando mi hija dijo que el comandante venía todos los años, para rendirme honores en el día de mi cumpleaños, pensé que ese era el día que yo tanto había deseado: para conocer, personalmente, al comandante. —Esta bien hijos; haré lo que me piden. Seguiré siendo su hermano: el hijo del héroe de Esmeralda: el hijo de Don Manuel.

Llegó el día de mi onomástico. Ese 27 de Julio cumplía 79 años de haber nacido; pero sólo había vivido 33; 46 los había pasado debajo de la nieve: congelado. Los deseos de conocer al comandante me habían crecido, tanto, que esa noche apenas pude dormir; a las cinco de la mañana ya estaba levantado. Después de haber desayunado me fui a la plazoleta donde se hallaba mi estatua; la del héroe de Esmeralda: Don Manuel. Si en algo me complacía la figura de mi estatua era que aparentaba ser un hombre de 6 pies y 6 pulgadas de estatura. Mi estatura era de 5 pies 6 pulgadas. Yo tuve complejo de mi baja estatura. Con la idea de despistar a los agentes de la Seguridad del Estado que llevaban una semana cuidando el sitio donde llegaría el comandante, en mis manos llevaba un ramo de flores para depositarlo en la estatua de mi héroe: Don Manuel. Cuando limpiaba el jarrón, donde depositaría las flores, llegó una anciana y se arrodilló frente a la estatua: —Mi querido, nunca olvidado y siempre recordado paisano; tú me conoces desde la niñez. Yo soy la hija de la difunta Andrea; vecina y muy amiga de tu difunta madre: Angela. Tú me decías: Pito y yo te decía: Paíto. ¿Recuerdas? Pues, Paito; hoy he venido a suplicarte por el amor que le tuviste a tu madre, y la adoración que sentiste por tu patria, que desde el lugar que te encuentres hagas todo lo posible, hasta lo imposible, para que el comandante nos deje en paz. ¡Que se vaya con su música para otra parte! Porque, Paíto, esto aquí, en tu patria, es el mismísimo infierno. Has lo posible para que tu pueblo viva con la felicidad que le sembraron sus fundadores: ¡Te lo ruego… Paito!

—Reconocí a mi amiga de la niñez. Al contemplar su expresión, mis ojos se humedecieron. Pito era el símbolo de la alegría de mi Esmeralda. Bailadora por excelencia; no faltaba a un Baile; los esmeraldenses solían decir que: un baile sin Pito, era como un salcocho sin sal. Cuando el equipo de beisbol jugaba; Pito era la primera fanática en asistir. La última vez que yo la ví, fue después de haberle dado 9 ceros al equipo del Central Jaronu. Aún retumban en mi oído su grito: ¡Paíto, tú eres el mejor lanzador que ha dado Esmeralda! Pito siempre reflejaba una sonrisa en su rostro; pero hoy, ella me ha confirmado lo destructor que ha sido el comandante con mi Cuba: Pito ya no sonríe; Pito esta triste; el comandante le ha destruido su sonrisa: Esmeralda ha perdido su alegría.

—Después de haberse parado, Pito volteo su mirada hacía mí y me dijo: ¿Yo a usted lo conozco?

—Yo a usted también; todos los días paso por el frente de su casa. Yo soy el hijo que tuvo Don Manuel en Rusia. —Respondí, con dolor en alma, a mi amiga de la niñez.

Horas después los esmeraldenses se hallaban reunidos frente a mi estatua; estaban esperando al comandante.

—¿Qué te parece esto? —Me preguntaba mi hijo.

—!Maravilloso! —Le respondí.

—Ya veras, hermano, como se emocionan cuando llegue el comandante —me decía, llena de emoción, mi hija.

—La mayoría están desnutridos, harapientos, y muy mal calzados. Esta no es la Esmeralda que yo dejé. —Dije a mi hijo. ¿Qué le han hecho a mi Esmeralda?

—La culpa de ello la tienen los yanquis; por el criminal bloqueo que le han declarado a nuestra Cuba; a la Cuba de nuestro comandante. —Respondió mi hijo.

—Si mal no recuerdo, nosotros no le comprábamos los alimentos a los yanquis; ni los zapatos ni la ropa. Ello lo producíamos aquí, en Cuba.

—Cuando el comandante dice: que las necesidades por la que está atravesando el pueblo hoy, se debe al bloqueo económico, que le han impuesto los americanos a Cuba: ¡Ello es una verdad como un Templo! Puesto que, nuestro comandante jamás le miente a su pueblo. —Terció mi hijo.

—Al ver la actitud atiborrada de fanatismo de mis hijos opté por abrazar el silencio. Me di cuenta que, usando su malvada revolución como argumento, el comandante había hipnotizado al pueblo: los había convertido en fanáticos de su destructora revolución. Ello hizo que el dolor de padre creciera; sabía que no sólo había perdido a mi patria sino también a mis hijos; pues, no existe un ser mas ciego que un apasionado fanático. Ello hizo que, por antonomasia, el odio hacia el comandante creciera a un nivel bien elevado. ¡Te odio comandante! –Le decía, usando el pensamiento. Había pensado decirle a mis hijos las barbaries cometidas por el déspota más cruel de la historia: Stalin, en Rusia, cuando su país se hundía en la hambruna. Para, con un ejemplo comparativo, ellos tuviesen una idea de quien en realidad era el comandante. Para ver si se daban cuenta que la repuesta a la precaria situación económica por la que atraviesa el pueblo de Cuba radica en los fríos cálculos del comandante; que aplica la misma política que aplicó José Stalin. Éste decía: «Un pueblo hambriento no tiene ánimo para sublevaciones.» Pero al haberme dado cuenta de su fanatismo, me abstuve: ¿No habrá un loco dentro del público que quiera terminar con el comandante? ¿Nosotros estaremos seguro? —Pregunté, simulando preocupación.

—Por esa parte puedes estar tranquilo –decía mi hija-. La mayoría de los que están aquí son de la Seguridad del Estado. Ellos han venido de la provincia de Oriente para proteger al comandante. De Esmeralda hay poca gente; sólo están los del Partido Comunista. Los esmeraldenses son unos malagradecidos; no se han comportado con la Revolución como debieran. Se han olvidado que nuestro renombrado héroe: Don Manuel nació aquí, en Esmeralda.

Las palabras de mi hija sonaron como música para mis oídos; cual si fuesen sutiles tintineos de campanitas de cristal. Ello era lo más agradable que mis oídos habían escuchado, de mi amado pueblo, después de mi inaudito renacimiento: Que la mayoría no le creían al comandante sus mentiras. ¡Viva Esmeralda! Grité en mi fuero interno

—!Ya viene el Comandante! -Gritó uno de los reunidos.

—!Llega en su helicóptero! ... ¡Viva el Comandante!

—!Que viva! -Gritaron todos.

Media hora después, parado sobre una plataforma que ponía su cabeza más alta que la estatua de Don Manuel, el comandante decía, a través de ¿cinco? micrófonos:

—!Compañeros revolucionarios! Hoy es un día que los cubanos jamás olvidaremos. Pues un día como hoy, en este revolucionario pueblo de Esmeralda nació, hace 78 años, el más querido héroe nacional: ¡Don Manuel!

—!Que viva Don Manuel! —Gritaron todos.

—Don Manuel —decía el comandante, para nosotros ha sido como un faro cuya luz nos señalara el camino para que llegáramos hasta el puerto de la victoria. La victoria que estaba necesitando la clase oprimida, para sacar a los imperialistas yanquis de nuestro territorio; el territorio de Don Manuel. Para después declararlo: ¡Territorio libre de América! —!Viva el comandante! ¡Abajo los imperialistas yanquis! ¡Fuera de Cuba los Yanquis —Exclamaba, con loco histerismo, el populacho.

—En esos momentos recordé que yo, siendo muy joven,

escuché al Coronel de la guerra de independencia: Cosme de la Torriente, cuando, en el 1933, en un discurso en la Universidad de La Habana los alumnos le gritaron: ¡Fuera los imperialistas yanquis de Cuba! Él les respondió: ¡Ingratos; nos moriríamos de hambre! ¡Que razón tenía el viejo general del ejército mambí!

—La muerte de Don Manuel -continuó el comandante-, es decir, como fue que murió, está escrito en las páginas inciertas de la historia. Hay muchas versiones; pero yo tengo la auténtica, de cómo fue que murió. A Don Manuel lo mataron los asesinos de la oligarquía que gobernaba la República en aquellos fatídicos años. Ellos lo mandaron a matar, porque quería establecer la democracia en su país; porque había logrado revivir el movimiento popular entre sus compañeros revolucionarios; el cual iba adquiriendo dimensiones impredecibles. Don Manuel despertó en el pueblo expectativa de triunfo. Él, con su revolucionaria postura, les enseñó que un día triunfaría el poder de los pobres sobre el poder de los ricos; sobre los que, mientras más ricos se convierten más pobres convierten al pueblo. Y así ocurrió en su Cuba; en su Esmeralda; en nuestra patria. ¡Por eso lo mataron! ¡Por eso la dictadura de Batista trató de ahogar el movimiento de las masas! ¡Por eso armó su policía política; por eso reprimió al pueblo! ¡Por eso desató la violencia! ¡Por eso desalojaron a los campesinos de su tierra! ¡Por eso murieron sesenta mil cubanos! ¡Por eso quizás moriremos nosotros! Porque, aquí, tenemos que mantener la democracia con las armas. Las revolucionarias ideas del compañero

Don Manuel, no sólo despertaron los sentimientos revolucionarios de sus paisanos sino también en todos los rincones de América… ¡Viva Don Manuel!

Mientras el comandante decía su bien estudiada rutina por mi mente pasaban las palabras de Stalin; que eran las mismas; pero en diferente época y lugar. También eran las mismas que las de los llamados revolucionarios que están destruyendo a sus países, matando; secuestrando; volando oleoductos; torres eléctricas; extorsionando; etcétera. Y, después, con una actitud que el mejor actor de Broadway envidiaría: dicen que los llamados gobiernos democráticos son unos asesinos; porque matan indefensos campesinos. También: que ellos luchan para instaurar la democracia en su país. ¿Cuál democracia: la cubana? Después de mirar al suelo, como si estuviese huyéndole a la mirada acusadora del Señor, y haberse acariciado la barbilla, el comandante continuó: De todos los onomásticos que nosotros le hemos celebrado a Don Manuel, este será, no sólo el más emotivo sino también el más inolvidable. Porque compañeros: aquí con nosotros se encuentra el hijo que Don Manuel tuvo en la tierra que él, después de Cuba, más quiso: Rusia. Tierra donde Don Manuel cosechara sus mejores glorias; donde con su heroísmo supo, no sólo detener al enemigo en la sangrienta batalla de Kiev, sino también salvar las vidas de nuestros inmortales camaradas: José Stalin y Geor Zhukov. ¡Compañeros; démosle un viva a ésos grandes camaradas!

—!Viva el camarada Stalin! ¡Viva el camarada Zhukov!
—Gritó el comandante, con voz y postura patriarcal.

—!Que viva! —Coreaba la multitud.

—Don Manuel fue un inquieto revolucionario; cuando los intereses imperialistas de la época querían apoderarse de la revolución de los camaradas Soviéticos —continuaba el comandante—, él abordó un Barco y se fue para Rusia para defenderla con su rifle; con su corazón; con su alma.

Porque nuestro héroe fue un marxista-leninista desde que dio sus primeros pasos, en este, su amadísimo pueblo de Esmeralda. ¿Pero resulta que los gusanos del exilio dicen que él, Don Manuel, no fue comunista?

—!Fuera los gusanos del exilio! —Gritaba la multitud. ¡Gusanos! ¡Gusanos! ¡Gusanos! Repetía, con impresionante sincronización, el populacho.

—Y para mostrarle que su comandante siempre les dice la verdad; que nunca les miente, aquí, en el bolsillo de mi chaqueta, tengo una carta que Don Manuel le envió a su maestro. Donde le dice que él, Don Manuel, toda la vida había sido comunista. ¡Que venga hasta aquí el hijo que nuestro héroe tuvo en Rusia! Para que nos diga si esta letra, que tiene la carta, es o no es la de su padre!

—!Que viva el hijo de Don Manuel! —!Que viva! —Gritó la multitud, secundando al comandante.

Mientras la multitud repetía mi nombre con histérico tono, me dirigía con nerviosos pasos hacía el comandante. Entre las tantas cosas que a la velocidad de la luz pasaban por mi mente, hubo un instante que me sentí orgulloso de ser un héroe de mi patria; hasta pensé seguir aparentando que yo era mi hijo: el hijo de Don Manuel. Pero, también pasaba por mi mente la traición de Stalin. No sólo que él ordenó que me mataran, sino que lo hiciera con Karinita; para con ello, que no hubiesen testigos del robo del Botín. Y también; que me había dado cuenta que el comandante era de la misma calaña de José Stalin. Por ello, él había convertido a Cuba en un régimen de fuerza; de represión; de totalitarismo; en una Cuba condenada a la miseria; a la destrucción física, moral y económica; que era mi Cuba; la de mis padres; la Cuba de Ignacio Agramonte. Cuando se posó en mi mente Ignacio Agramonte, escuché su potente voz cuando me ordenaba: ¡No traiciones a mi Cuba! A la Cuba por la que yo di mi vida. Nunca olvides que tú eres camagüeyano. Y, como tal, si tú traicionas a Cuba está traicionando a Camagüey; y por ende a tú general Ignacio Agramonte. Sólo un camagüeyano puede entender lo que ello significa. Recibir una orden de Ignacio Agramonte, aunque sea por la vía telepática, para un camagüeyano es como recibirla del Señor de los Cielos. También llegó a mi mente los sufrimientos de los cubanos asilados. Y, lo que más me arrugaba el corazón: la cara de angustia que puso en su desesperado ruego mi amiga de la infancia: Pito. En ella vi reflejada la angustia de la mujer camagüeyana.

¡De pronto me vi parado frente al dictador de mi patria!

—!Tome Manuel Junior! -Me ordenaba el comandante: ¡Lea esa carta y díganos si esa es la letra de su padre!

Cuando yo tomé la dichosa carta en mis manos, sentí que hasta el pensamiento me temblaba. ¿Cómo es posible que esta gente haya escrito una carta con mi caligrafía, mi estilo y en un papel de mi época? ¡Como ha progresado la ciencia en los 46 años que estuve asilado debajo de las nieves! Sobre todo, en la química; porque, esta carta es obra de un experto en química y de un perito calígrafo. En ese momento me acordé que estando en Miami escuche por la radio cubana cuando un entrevistado decía que él dudaba de la carta que los comunistas cubanos dizque José Marti escribió; en la que el Apóstol dice: que conoce bien al monstruo porque vivió en sus entrañas. Y pensé: esta carta tiene que haberla escrito el que escribió la que José Martí decía que él conocía al monstruo. Yo pensaba así porque de lo único que estaba seguro era que no había escrito esa carta: Yo no tuve maestro sino maestra. Y se llamada Carmela López. No Antonio Palacios, como dice la carta. Al notar que en la carta yo le decía a mi maestro que toda la vida había sido comunista; se me salió lo que tenía de castellano, de italiano, de judío, y de indio siboney, y al momento que levantaba el brazo derecho sosteniendo la carta, mas alta que la estatua de Don Manuel, y pararme frente a los cinco micrófonos solté un grito, que sobre pasó la amplificación que generan los micrófonos y se escuchó en todo el pueblo de Esmeralda y sus alrededores cuando grité: ¡Coñooo, esto es mentira! ¡Yo nunca fui, ni soy, ni seré comunista! La única verdad, de todas las falsedades que han dicho de Don Manuel, es que fui un fiel luchador por la libertad de los hombres, y que fui un soldado en la Segunda Guerra Mundial. ¡Pero combatí con el Ejército Aliado de los Estados Unidos! Porque, desde que di mis primeros pasos, por estas calles, de mi amada Esmeralda, yo soy un democrático. ¡Yo soy

—Son muchas las coincidencias en los hechos ocurridos a través de la historia que me hicieron sospechar que la anarquía española organizó la reconquista de Cuba, desde el mismo día en que se independizara: El primer obstáculo que se encontraron, para la realización de su plan, fue la Enmienda Platt. Que fue anexada a la constitución cubana de 1901, para evitar que ella fuera invadida por los países invasores de la época: Inglaterra; Holanda; Francia y la propia España. Los españoles que se habían quedado en Cuba (Estados Unidos, después de su victoria contra la Corona española, no despojó de su patria a los españoles: Cuba era un pedazo de España, sólo le puso un Gobierno nativo), fueron los primeros en combatirla. Hicieron todo lo posible para que fuera derogada, desde el mismo 20 de Mayo de 1902: día que los Estados Unidos entregaran a los cubanos la República de Cuba. Los españoles lograron que la prensa, de Estados Unidos, dijese que los cubanos era unos: Ingratos. Yo recuerdo que, en mi niñez, por todo Camagüey se decía que quienes gobernaban en Cuba eran los españoles: pues, ellos se quedaron con las principales propiedades de la Isla; sobre todo, con la tierra. Sobre esto los españoles decían -y con harta razón-: que ellos no eran unos extranjeros, sino ciudadanos españoles. Y que la Isla de Cuba era tan española como las islas Canarias. Al darse cuenta los españoles que Cuba con el apoyo de los Estados Unidos progresaba mucho más que cuando estaba bajo la dominación de la Corona; pues, esta sólo se interesaba por su bienestar, no por el de los cubanos; idearon tratar de destruir a los norteamericanos, haciendo una campaña en su contra para tratar de recuperar el gobierno de la Isla. Para ello planearon sembrar un antiamericanismo por todo el planeta. «De casta le viene al galgo ser rabilargo» La independencia de los Estados Unidos de Norteamérica, sirvió de inspiración para la revolución francesa, y ambas sirvieron para la independencia de los países de América Latina. Y los españoles; sobre todo, aquellos de tendencia comunista, encontraron la fórmula de volcar la simpatía existente por los americanos en la época colonial, por una absurda antipatía sembrando un necio antiamericanismo.

—Don Manuel; su hipótesis choca con la realidad. Si fuese como usted dice el comandante no hubiese dicho que él toda la vida había sido marxista-leninista. ¿Cierto?

—Buena observación, Ramón. La preocupación de los anarquistas españoles, si ellos reconquistaban el poder en Cuba, era como mantenerlo sin que los norteamericanos revivieran la ya desaparecida: Enmienda Platt. Que ésta, cual el Ave Fénix, resurgiera de sus cenizas y lo sacaran de Cuba. Y cuando los bolcheviques se tomaron el poder en la Rusia Zarista -Revolución de Octubre-, los anarquistas españoles encontraron en los comunistas de la Unión Soviética los aliados perfectos para tomarse el poder, no sólo de Cuba sino de la América Latina, sin ser sacados por los americanos. Para sus pretensiones de reconquistar a la América perdida, se refugiaron en el comunismo soviético. Es por ello que, el comandante no era comunista, sino un anarquista, que se refugió en el comunismo soviético para su perniciosa pretensión de retener el poder en Cuba por el tiempo que él tuviese vida.

—¿Por qué, y cuándo se imaginó que el comandante y sus hermanos pertenecían a los anarquistas españoles?

—Cuando supe que lo primero que hizo el comandante cuando llegó al poder, fue destruir el monumento que se había edificado en honor al Maine. El cual había sido la Piedra Angular para la liberación de Cuba. Y, también, cuando me enteré que su padre: Alejandro Castro, había pertenecido a la anarquía española. ¿No es todo ello una evidencia de que los anarquistas españoles conspiraron con el comandante para recuperar a la Cuba perdida?

—No repitas esas tonterías, que te van a tomar por un demente; por un loco de atar, y te van a exterminar con los famosos electrochoques revolucionarios.

—Por decir lo que yo pienso, y que tu dices que son tonterías, no me pueden acusar de ser un loco de remate; pues, según ellos, me tienen aquí por ser un loco de atar.

—¡Llévenselo muchachos! —Ordenó, a los "locos" que estaban en el Pabellón, el hombre al que Don Manuel le contó su historia: Ramón—. ¡Llamaré al comandante para decirle que este es el hombre que buscábamos!

—Já, ja, ja, no me hagas reír. ¡Está bueno ese chiste! Que bien te queda el papel de loco. Te queda tan bien, que de momento pensé que realmente lo estaba.

—¡Yo no estoy jugando, Don Manuel. Nosotros somos agentes de la Seguridad del Estado! -Aseveró Ramón-. Desde que hiciste quedar a nuestro comandante como un embustero, con tus payasadas fuera de lugar y de tiempo en Esmeralda, nos comunicamos con nuestros agentes en Rusia, para que investigaran sobre tu estúpida historia. Ellos visitaron a los esquimales y comprobaron que es muy cierto lo que dices: que tú estuviste 46 años bajo la nieve. ¡Vamos, muchachos; llévenselo! Que yo voy a llamar a mi comandante, para darle las buenas nuevas.

A las seis de la mañana del otro día, llegaba Ramón a la celda donde habían encerrado a Don Manuel. Ramón se hallaba acompañado por sus subordinados.

—!Vamos, patriotero! Que te daremos un paseíto, tipo revolucionario, por el Valle de los Caídos.

—¿Cuál valle de los caídos? —Preguntó Don Manuel.

—¿No sabes a que nosotros le llamamos el valle de los caídos? Pues, al Paredón del Che Guevara; Don Manuel. Él no sólo fue el que lo bautizó: como el Valle de los Caídos, sino quien más lo utilizó. El compañero Che Guevara dejó un record, de Gusanos fusilados en el Paredón, muy difícil de igualar. Él tuvo día que fusiló hasta 30 gusanos.

—¿El tal Che Guevara no era argentino?

—Por supuesto; de ahí le viene el apelativo del Che.

—¿Y ustedes no sienten remordimiento: al saber que un argentino ostenta el record de más cubanos fusilados?

—Por favor Don Manuel, como un revolucionario como yo, puede abrazar remordimiento porque un compañero mate 9800 gusanos. Al contrario, nos sentimos orgullosos de ser su amigo. ¿Cierto Che? —Dijo, mirando al cielo.

—Aún así, en el fondo de tu alma tienes que sentir algún pesar. El sólo saber que ellos son tus paisanos, y que su asesino era argentino, te acerca al arrepentimiento.

—Te confieso que sentí algún remordimiento cuando él mató el primero; pero después se convirtió en una gran diversión. Pues el Che Guevara me enseñó que los buenos revolucionarios no sienten compasión con los enemigos de la revolución; que más bien sienten un profundo orgullo, cuando han matado a más de un enemigo.

—¿Ramón; que sienten ustedes, "los revolucionarios," cuando un condenado a muerte pide clemencia; que grita que no lo maten, que le perdonen la vida, porque él no merece morir fusilado?

—Esos son los que nosotros mas disfrutamos; tanto, Don Manuel, que cuando tenemos un condenado a ser fusilado en el Paredón le encendemos una vela a Satanás y le rogamos que lo haga gritar bien fuerte; que haga que se orine, hasta que se le salga el excremento. ¡Ah, pero que rico placer! Sólo de pensarlo lo disfruto harto. Espero que tú, Don Manuel, nos dé el más excitante de todos los fusilamientos que han pasado por el Valle de los Caídos: por el Paredón del Che Guevara. Creerme prócer, que se lo vamos a agradecer con toda el alma; que nosotros, los revolucionarios, lo recordaremos como el fusilado que más placer nos hizo sentir, de todos los que hemos fusilados. Que por cierto, y entre nos, no han sido pocos; pues, han sido tantos, que hace largo tiempo que hemos perdido la cuenta; sólo recuerdo que la cifra tiene tres ceros.

—¿Así de simple?

—Así de simple; Don Manuel... así de simple.

—No creas que me has engañado; pues desde el día que llegué a este siniestro recinto, sabía que pertenecías a la Seguridad del Estado. Pero, también sabía que yo, Don Manuel, era un condenado a muerte y que tú, el siniestro Ramón, me serviría de instrumento para desahogarme, antes de morir, de todos los sufrimientos acumulados durante los años en que ustedes, los más sanguinarios asesinos que ha parido mi patria, cubiertos con el traje de revolucionarios, han destrozado a la otrora progresiva y alegre Cuba. Nunca pensé ser inmortal; desde que tuve uso de razón, sabía que era un viajero en este planeta; que lo mismo que un día llegué a él, llorando: un día partiría de él, también llorando; pero siempre pensando que llevaría como equipaje una lápida con una bien sencilla inscripción: «Aquí yace quien amó al prójimo tanto como a su patria» Y, sin embargo, Ramón; la inscripción de tu lápida será más larga que la mía: «Aquí están enterrados los restos mortales de un destacado revolucionario quien en vida fue: impío, hipócrita, inhumano, arpía, frustrado, un resentido social, un sanguinario, un malvado, y un satánico. Que, entre otras virtudes sobresalientes de un revolucionario, estas fueron las que más le gustaron a su Comandante.» Aquí, Don Manuel, aunque camino al Paredón, no pude contener una sonrisa rebosante de ironía, denotando una honda satisfacción… Luego continuó: Ahora bien: yo me marcho, más bien ustedes me echan de este planeta; pero con el profundo consuelo, al morir, de saber que para donde voy, no me encontraré con revolucionarios, ni con vende patrias, tiranos, ni con terroristas. Pues, a la Gloria donde iré, no van los de tu calaña. ¡Gracias Señor; por tan dulce felicidad! También quiero decirte que lo siento; pero tu comandante, y los revolucionarios esquizofrénicos que lo acompañan, no gozaran con mi muerte; pues, para mi patria, yo valgo más muerto que vivo. Y, quien gozará de un orgasmo desenfrenado seré yo; pues, cuando entren sus satánicas balas por mi cuerpo, sentiré como si fuesen cápsulas cargadas con la dulce y exquisita miel del Panal de la Patria: ¡Para mi patria viví y por ella muero! … ¡Que dulce muerte! ¡Gracias Señor!

—Proceloso Don Manuel, le tengo un par de muy buenas noticias. La primera: Que por ser un cubano con tan elevado amor a la patria, su inolvidable fusilamiento le será dedicado a quien nos enseñara disfrutar el Paredón: al recordado y siempre querido por los revolucionarios: Ernesto Che Guevara. Cuando terminó de decirle esto a Don Manuel, voltio la mirada hacía las profundidades del cielo y gritó: ¡Compañero Che Guevara; sus alumnos le dedicamos este fusilamiento! ¡Disfrútalo hasta el tiro de gracia! —Después, voltio la mirada hacía Don Manuel, y le dijo: ¡Proceloso héroe, Don Manuel! Le concedemos el honor de pedir su último deseo, antes de morir. —Aparte del de seguir viviendo-, agregó por lo bajo, al pelotón de fusilamiento, al tiempo que dejaba escapar una sonrisa con el irónico acento de los revolucionarios, que fueron entrenados por Ernesto Che Guevara. Ramón perteneció a a los niños pioneros y estos decían: ¡Seremos como el Che! (asmático y asesino: le agregaban los llamados contra-revolucionarios) Y soltando una demente carcajada gritó: ¡Dígame proceloso prócer: Don Manuel, cuál es su último deseo! ¡Que soy todo oído!

—!Qué muera el Comandante!
—!Atención!
—¡Que muera el tirano!
—!Preparen armas!
—!Que muera el déspota!
—!Armas al hombro!
—!Que viva Ignacio Agramonte!
—!Apunten!
—!Que viva Cuba libre!
—!Fuego!

—Don Manuel quedó bocarriba. Ramón se le acercó y, al momento que sacaba su Magnu 57, para darle el tiro de gracia, miraba hacía las profundidades del cielo y decía: Mi ídolo, Che Guevara; eres mi gran guía; pues aún retumban en mis oídos tus alentadoras y revolucionarias palabras: Hemos fusilado, fusilaremos y seguiremos fusilando: Pues nuestra lucha es a muerte." El odio al enemigo será nuestro factor de lucha; el odio que impera mas allá de los límites naturales del hombre y lo convierte en una efectiva, violenta y fria máquina de matar. Por ello es que te he dedicado este fusilamiento. Y, al decirte que sería hasta el tiro de gracia: mira para la cabeza de este contra-revolucionario y: ¡Disfrútalo, maestro, que ello es todo para ti!

—Cuando dijo: es todo para ti!, voltio la mirada hacia Don Manuel y le apuntó con el revolver hacía su cabeza. Y el moribundo Don Manuel abrió los ojos y, mirando hacia el cielo, gritó: !Che Guevara: asesino! ¡Puf!. Ramón, lleno de odio, por la gallardía de Don Manuel, en vez de uno, le dio tres tiros de gracia, en el momento que Don Manuel le tiraba una sonora trompetilla al Che Guevara. Y, al ver que su rostro mostraba una alegre sonrisa, que denotaba una profunda satisfacción, vacio su revolver en su cara.

Después del fusilamiento de Don Manuel mi conciencia se quedó repitiendo las perversas palabras que le dijera el Che Guevara a Ramón González; el agente de la Seguridad del Estado: *«Cuando te pregunten que si tú no sientes remordimientos por la cantidad de muertos que tienes a tu haber, no lo niegues; sólo di que lo hiciste por un ideal.»* ¿Cuál ideal? ¿Hasta cuando: Señor?

Si ha de llegar el día en que se ajusten cuentas por los crímenes cometidos por los trasnochados, anacrónicos y absurdos comunistas, habrá que reservarle su turno en el banquillo de los acusados a quienes ensangrentaron a su pueblo para crear ese maldito espejismo.

Manolo Sabino.